楊鴻銘 張梅娜 著

文學叢刊

四季

文史哲出版社印行

國家圖書館出版品預行編目資料

四季 / 楊鴻銘，張梅娜著. -- 初版 --臺北市：
文史哲, 民 106.09
頁； 公分（文學叢刊；382）
ISBN 978-986-314-382-6（平裝）

830.86　　　　106016257

文學叢刊 382

四季

著者：楊鴻銘・張梅娜
出版者：文史哲出版社
http:// www.lapen.com.tw
e-mail：lapen@ms74.hinet.net
登記證字號：行政院新聞局版臺業字五三三七號
發行人：彭正雄
發行所：文史哲出版社
印刷者：文史哲出版社
臺北市羅斯福路一段七十二巷四號
郵政劃撥帳號：一六一八〇一七五
電話886-2-23511028・傳真886-2-23965656
定價新臺幣二八〇元
二〇一七年（民一〇六）九月初版

ISBN 978-986-314-382-6　09382

序

春天和煦，夏天熱情，秋天溫馨，冬天冷靜，四季的氣候判然有別，但卻各有風情。住在臺灣，不必擔心長晝的夏天之後，接著就是難見天日的冬季；當嚴寒肆虐大地時，我們知道「冬天到了，春天還會遠嗎？」四季的天數或有長短，但卻與人有所承諾似的從未失約；偏愛春秋的人也許較多，但夏冬卻能填補人們未盡的情感。因為四季，臺灣隨時都有美麗的風景欣賞。

如絲如縷的春煙，隨著微風飄搖，輕輕拂過臉頰，瀰漫整個原野，很美；揮灑璀璨的夏陽，茁長蓬勃的草木，生命在此澎拜，滿地都是綠意，很美；絢爛多彩的秋葉，勝似繁花，爽朗怡人的西風，已將美麗熊熊燃起，很美；成堆成疊的冬雪，皚皚布滿整個山頭，有詩有畫的大地，使人如處夢幻的童話世界中，很美。雲隨時都在變化，浪隨處都在翻湧，有喜有樂、有悲有苦的人生，只要你肯擡起頭來，周遭都是美景！

大塊的風物如能吞噬，就不要保留，因為吞噬才能放情的欣賞；精緻的美景如須咀嚼，就不應囫圇，因為咀嚼才能一再的品味。踩在遍地是雪的湖泊時，我也想看群花怒放、湖水蕩漾的情景；沿著淙淙的溪流用餐時，我也想像水落石出時溪底參差的樣子。

夏天，曾在高拔的楓樹下駐足，在它層層交錯、葉葉相疊的翠綠裡，精神整季抖擻。到了冬天，再次回到樹下散步，葉已枯、枝已禿的大樹，蒼勁矍鑠的迎著酷冷的寒風，別有一番卓然而立的美感，使人不禁如祈如禱的虔誠起來。人不可以貪婪，但對於自然，則不能淺嚐即止，因為四季毫不吝惜的上演，春花秋實樣樣引人入勝，有幸添為觀眾的我們，怎能放棄造物者使盡渾身解數的恩典呢？

因為地球的自轉軸傾斜，所以才有春夏秋冬四季不同的景致；因為地球公轉太陽，所以才能看到南北兩極永晝和永夜的奇景。井然有序的星體，僅以一個小小的變化，卻能形成如此有趣的現象，實在令人驚奇！我不敢說自己完全崇尚自然，但我的確每天都活在自然之中：自然的仰望藍天，自然的俯瞰溪水，自然的走在如茵的綠地上；即使車行街上，也不忘欣賞兩旁的行道樹。再煩再忙，只要視線往外拋擲，心情自然愉悅；我們喜歡活在四季之中，享受日日不同的美景，因此書以「四季」為名，希望您也喜歡！

楊鴻銘
張淑娜
謹識於臺北

目次

張梅娜作品

楊鴻銘作品

一、樹

人因樹而顯得優雅，樹因人而欣欣向榮。有人說：「臺灣最美的風景是人！」臺灣人雖然友善、熱情，但人畢竟是人，而不是風景；我覺得臺灣最美的風景，應該是樹。臺灣位在北回歸線上，因地殼不斷隆起，群嶺競相聳峙，所以自南部的熱帶至高山的寒帶，不但林相豐富，而且每棵樹木都翠綠好看；尤其臺中以北，因氣溫較低，雨水較多，所以綠意始終盎然。每次車子駛在國道三號上，我都盡情欣賞沿途風姿各異的森林，和一路此起彼落的綠濤；眼睛在綠的喜悅裡，一點也不累。

不必盤屈糾結於玉山斜坡，隨著風向時時變化姿彩的圓柏；不必繽紛耀眼在合歡山上，隆重綻放繁花競豔的杜鵑；也不必拔地而起如矗雪山峰頂，迎風搖曳挺拔的黑松。只要一片浮在空中，隨意飄盪的葉子，就能為蒼茫的大地，憑添無窮的韻致。何況樹有數大便是美的燦妍，有披著大雪一身白的美感，還有綠葉轉黃已凋傷的淒迷，誰說樹不是臺灣最美的風景呢？

樹，是地球的肺，是製造氧氣的恩者，我不想說這些冠冕堂皇或道貌岸然的話。但只要走在路上，自然情不自禁的望向兩旁的樹木。行道樹的整齊畫一，公園草地的纏纏綿綿，山坡小徑的熱鬧喧嘩，山頂上的迎風聳立；不管是人為刻意的栽植，還是自然生成的樹林；不論是品種相同的工整，還是參差不齊的斑駁，都是人間絕美的風景。尤其整排的黃、整排的紅，還有漫天飛舞的白，依其花季逐月綻放，更是美不勝收。

我時常為一根無意低垂的樹枝，而減緩腳步，在它婆娑搖曳的娉婷裡，享受自然即興的表演。我也會在滿地落葉的淒美中，停駐一旁，靜靜欣賞大地隨意的妝點。人悠閒的走在路上，眼睛卻像銳利的鏡頭，忙碌的四處取景。我想把眼前所呈現的情景，一點一滴擺進腦海之中，即使腦中已經又滿又溢了，還是覺得不夠！我不是一個做作的人，但不管在國內或國外、搭車或乘船，只要有山、有水、有樹、有景，總是情不自禁的往外看。

沒有樹木的街道，猶如一處缺少文明的荒野；儘管高樓林立，人聲四面騰起，但只要張眼一看這些慘白的建築，就會有種走入廢墟的感覺，無法引起一點美麗的聯想。不用奢求屹立百年的城堡，也不必想像巧心設計的庭園，再破再爛的房子，只要有樹，一定好看。即使是一板一眼、毫無變化的公寓，如果能在屋旁栽植一、兩棵樹，不但晨起可以醒腦，連偶而經過的路人，也會由於不經意的一眼，而精神為之一振！

現代人，尤其是都市人，因為居住的環境狹隘，所以一蓋房子，就拚命往空中發展。

一買頂樓，就想加蓋違建，空間好像永遠都嫌不夠似的，想想真是可憐！君不見街道兩旁的公寓，如將房間稍為內縮，而騰出一隅可以頂天立地的露臺種樹，閒來在此沏茶、在此聊天、在此閱讀，生活不是更愜意、生命不是更充實嗎？大家都知道水墨畫最大的特色是留白，為何一提及居住環境，反而要把它處處填實呢？人人都明白遒勁矯健的書法，除了上下相隨之外，還得注重行氣，為何一回到家，反而不在乎這些講究了？理想與現實並不衝突，因為只要有樹，一切都能解決。

我不是護樹的環保團體，只要一提及樹，馬上義正詞嚴、咬牙切齒的說這棵不能動，那一株也不准砍。我也絕非放縱的自然主義者，主張一切都得保持原狀，人力不能做任何的干涉。環保團體的理想雖然偉大，但太執著了；自然主義者的想法雖然天真，但太任性了。樹，就讓它長在該長的地方，長在可以長的地方，長在使人愉快的地方。我喜歡略做修整卻渾然天成的森林，也嚮往屋在林間而疏朗自得的感覺。樹不是人類的敵人，它是我們的恩人；有樹，就能點亮大地綠色的光彩，並甦醒久已失落的美感，你覺得呢？

臺灣最美的風景，其實不是人，而是無所不在的樹。如果把樹砍掉，臺灣還能被譽為「福爾摩沙」嗎？臺灣不但有紅檜、扁柏、肖楠等三大名木，而且還有罕見的樟樹、牛樟和山毛櫸，臺灣不折不扣是個綠色的國家，在一望無際的綠、在滿眼葱蘢的美裡，自然挺立！

二、櫻

不用說層層疊疊堆在樹上的小花，一簇簇、一團團將原本扶疏的枝條，蜿蜒而成一彎彎美麗的曲線，顫顫巍巍的佇立在寬闊的人行道上招搖。一樹樹不勝負荷的櫻，逕向一群群忘其所以的人伸展；一群群忘其所以的人，迎著低垂的枝條，照見滿天撩亂的紛華。匆忙的腳步慢了，自然與人文的界線沒了，人在粉紅的花下，感受季節更迭的喜悅；樹則在和煦的陽光裡，散發文明濃郁的美感。

不用說如浪如濤的小花，沿著逐次高起的山坡，湧起一野又一野澎湃的粉紅，直上峰頂迷離之後，又由上往下崩墜，崩出一景又一景飛瀑似的浪漫，縉綣整個大地。冬的酷冷雖已遠去，春的寒意仍然料峭，但蟄伏已久的櫻，早已迫不及待的競上枝頭綻放。白雲在水藍的天上閒蕩，群樹在翠綠的山坡蹁躚，還有一眼望不盡的驚奇，等著乘隙踏青的人前來掬取。美好的人間隨時都可期待，尤其這幕天席地的美景，更是值得！

不用說枝與枝相互穿梭，花與花編結而成一襲襲華麗的織錦，披在蒼勁的櫻樹上。樹上的花偕同堤畔的草，一起映入澄澈的水裡。水裡朵朵分明的小花，在青草的烘托之下，如浸如渲的將溪染成一道夢也似的粉紅。每當微風吹來，櫻在枝上競逐嬉鬧，櫻在空中手舞足蹈，櫻在水裡放情的喧嘩。粉得透白的花，在白得透紅的臉上，開出一張張煥發的神采，一臉臉春天的喜悅。

不用說斜風細雨恣意灑在才剛展露的花蕊上，為寧謐的原野搭起一張紛飛的網。透明的雨映著粉紅的色忸忸怩怩，粉紅的花在輕靈的雨中迷濛，漸遠、漸深、漸濃，粉色的晶瑩滿天瀰漫；粉紅的氣息在空中飄緲、在雨間暈開、在人的呼吸裡融解，粉紅的聲音則在人的心上嘹亮響起。不是隱隱約約而是清晰能辨，不是似有若無而是可觸可感；屬於粉紅的美麗，一時洋溢！

不用說皎潔如雪的櫻，倚著晨曦，燦然點亮恬淡的原野；粉白如頰的櫻，嬌嫩柔美的在皎白的花裡青春飛揚；緋紅如火的櫻，自粉色的花上豔光四射，大大方方地揮灑生命的熱情。白的、粉的、紅的櫻花，交織而成一幅出人意表的圖畫，像跨年乍然爆開的煙火，齊在夜裡迸放；像夏夜遠近不一的蟲鳴，聲聲都在耳際；像來自各個山頭的溪流，匯聚而成滾滾大河，同時洶湧於跟前。愛湊熱鬧的蜂，沒有縫隙可以鑽營，只能對著密不透氣的花朵，不耐的發出嗡嗡的鳴聲；而才剛蛻變的蝴蝶，已經循著春天的腳步展翅，將美麗的拼圖填實。一野泛溢如流的繽紛，一地琳琅滿目的耀眼，正在春的饗宴裡，隆重上演！

其實只要櫻紅微吐，輕描淡寫的著在枝上，為乍暖還寒的原野，燃起幾許春光，就已經夠人陶醉了。一株櫻花，一個驚喜；一林櫻花，則已美在數大的想像之外。尤其像片片紛飛的雪，忽左忽右款款的蕩漾；像隨風飄墜的羽，怯怯生生的往下挪移，不甚經意卻有無窮的詩意，更是迷人！在華盛頓特區的大道上，雪白與粉紅交織的綺麗，可以優雅；在東京目黑川的河畔，堤岸與水中交映的幻景，可以盤桓；在臺中奧萬大的山坡上，遠山的綠、晴空的藍與純淨的粉，沿著弧狀的櫻林相依相倚，可以忘塵。櫻是純潔的愛情，是熱烈的希望，也是高雅與絢爛的象徵；櫻的花期雖然短暫，但櫻賦予人類新生的意義卻無窮。很難理解沒有櫻花的日本，到底會是什麼樣子；但我瞭解櫻在臺灣，有如維也納新年音樂會一般，每年都為我們拉開春臨的序幕。賞櫻本是一件奢華的享受，但在臺灣卻很平價，因為臺灣的大地之上，處處有櫻！

三、飛

早上醒來，滿心歡喜，因為又夢見自己在天上飛了！

自從刻意的注意之後，有時只有一次，有時多達兩、三次，幾十年來從未間斷，每年都夢見自己在飛。飛在蔚藍的晴空之上，俯視一眼不盡的綠野；飛入扶疏的森林之中，忽左忽右自如的穿梭；飛臨都市的大廈叢林，拜訪仍在睡夢之中的世界。不管夢中的情境是什麼？只要夢到在飛，自然有種熟悉的快樂；只要有飛的夢，醒來嘴角時常掛著愉悅的笑容。

我很想把這個經驗告訴所有認識的人，讓所有認識的人都能分享、甚至也能和我一樣，在夢中有個奇妙的旅程。但朋友不是附和敷衍，就是滿臉狐疑；我不厭其煩的告訴他們，如何張開天使一般的翅膀，然後乘著氣流騰空而起；如何在廣闊的草原上奔跑，然後縱身一躍自在翱翔；如何在狹窄的小徑、在漆黑的夜裡一路向前。不清楚對夢境的陳述是否詳實，但我的確樂在其中！

飛，通常必須展翼，但有時也可以不用翅膀。我曾經夢到坐在如茵的綠草上，不必藉力也無須使力，只因想飛，自己就飛了起來。曾經沿著河岸，追逐一隻橫掠跟前的海鷗，結果自己也飛了起來。曾在夢中似有意識的測試自己是否真的能飛，於是拍動雙手，拍出一般強勁的氣流之後，竟然也飛了起來。在飛翔的夢境裡，沒有壞人惡意的逼害，沒有險境陷落的驚恐，更沒有臨空而懼的顧慮，一切都是那麼的自然，自然得好像就是一個活生生的世界！

從前米開蘭基羅在小孩的身體添上翅膀，於是天使從古至今，翱翔於藝術與建築之間。孟德爾頌在五線譜的長翼，填入音符做為羽毛，於是乘著歌聲的翅膀，不斷的在音樂、在歌唱裡盤旋。萊特兄弟在笨重的機器，模仿鳥類為何能飛的道理，於是人類伸出巨大的、金屬的翅膀，飛得比鳥還遠，飛得比鳥還高。

想飛，是人類將前腳變成萬能的雙手之後，一直希望實現的理想。前腳可以進化為雙手，但雙手卻無法演變成雙翼，於是滿懷憧憬的人，以畫筆、以音符、以發明，用天使、用旋律、用飛機，設想處於沒有盡頭的藍天、沒有邊際的遼闊裡，竭其所能的想，全心全意的做；於是，人類飛了起來！

我不是畫家，但我有時俯瞰，有時遠眺，讓眼睛搭著微風，在古樸的古堡、在新穎的新廈，在碧綠的綠色大地飛行。我不是樂者，但我有時傾聽，有時細聆，讓耳朵沿著氣流，在如樂的鳥啼、在如絃的蟲鳴、在沒有遮攔的小溪中飄搖。我不是科學家，但我有時築夢、有時遐思，讓心靈倚著想像，在陶潛的桃花源、在湯姆斯的烏托邦、在沒有地名的香格里拉裡滑翔，於是我在現實之中飛了起來！

我想飛去一個遙遠的星球，眼前除了藍天綠地之外，就是和諧友善的人群。城堡在新廈的點綴之下，古拙可愛，碧草沿著淺斟低唱的河流，一路向前伸展。因為土地夠大，所以人們不再鉤心，不再鬥角，整個星球不再你置重兵，我設高牆。畫家作畫，題材就在身旁；樂者作曲，耳際就是音符；至於勤勞的科學家，早已將自然、將人為渾然的融在一起了。在這樣的世界裡，我只想悠然的飛，不再穿越長空！

人，自從不再仰望蔚藍的晴空之後，兩眼始終凝視跟前的事物，枯燥、煩悶有如新的牢籠，緊緊圈住你我的生活，形成現代文明人無法逃脫的宿命。本來像風一樣，可以自由飛翔的心，已被現實沉入無底的深淵；本來如雲一般，可以無羈無絆的靈，已被名利捲進虛無的漩渦之中。人人按照「正常」的作息，每天不停的運轉，不想、也不敢偏離既定的軌道，偶而偷窺一下陽光燦爛的藍天。於是想飛，只能在古老的記憶裡追尋。羚羊，在無限寬廣的草原上奔馳；海豚，在沒有盡頭的波浪裡翻滾；人類，也該放棄拘泥的固執，從事多元的思考；解開生活的鎖鍊，恢復與生俱來的本能；從久被緊閉的窗戶、從自我禁錮的心房，一路飛向滿眼翠綠的自然。

因為現實太苦，所以人們想飛；因為羨慕自由的鳥，所以人類自古以來，即有飛的夢想。我不明白飛行的夢什麼時候開始？也不知道將止於何時？在睡前從未刻意期待，但只要夢中有飛，我就覺得不枉過這漫長的一年。尤其一躺即睡、絕少做夢的我，更是難得，因此我喜歡！

（中國語文五九〇期、二〇〇六年八月）

四、散步

夜，有時濃稠得像掐彈即破的果凍，在眼睛所及的視野裡，正以梵谷星夜的筆觸，如圈如圓緩緩的流轉。有時清澈得像一泓明淨的潭水，柔潔的月光如踩蕭邦透明的樂音，輕輕盈盈的挪移。有時則像春煙、像迷霧、像由上往下傾倒的雲瀑，一絲絲、一片片、一團團，直向著人襲來。走在這條少有人煙的小徑上，把過多的期待擱置，讓兩旁還算高大的樹木，穿過寧謐的空氣，而在恬淡的心上投影；讓林下鑲著美感的小溪，在無機的耳際蜿蜒。我彷彿倚在威尼斯橋頭詩興大發的尼采，趁著朦朧的如畫的夜晚，獨自散步！

燠熱、擁擠的白天，已經遠離，耳際風吹樹林的聲音，恰如拉威爾那首規律而又多變的波麗露，不斷撫觸已經歸於寂靜的夜晚。貼著婉轉有致的小徑，不停的走，從似乎千篇一律的熟悉，體會自然規律的脈動；以「柳暗花明又一村」的好奇，將欣然而至的景物全數檢視。從片片相疊的屋瓦、精緻古樸的四合院建築，聆聽熟悉的傳說；自線條簡潔的草地，視野開闊的別墅，聞嗅文明的氣息。住家到山旁，隨即回頭；只要累了，就獨自出走，這是每天工作之餘最盡興的享受。

除了夜晚之外，偶而也會偏離例行的軌道，迎著燦爛的陽光，於晴空萬里的大地之上瀟灑。在不疾不徐、從容自得的腳步裡，時常想像自己是個如煙如塵、無掛無礙的遊者，任憑兩旁閃入眼簾的綠意，來了又去，去了又來。我也時常釋放已被壓抑的靈魂，拔腿狂奔，將從葉間篩下閃亮如金的陽光，踩得叮噹作響；像朵朵洶湧的浪濤，在沒有邊際的海岸澎湃。我不斷的追的跑的跳的躍，但已摒除俗慮的心，卻異常的寧靜。我貪婪的把眼舉向高懸的藍天，乘風奔去！

有時我也獨自坐在駕駛座上，以車代步，放縱自己。任平整寬敞的路面，直向無法望穿的天際開展；讓兩側綿延的森林，沿著車子湧起陣陣的綠濤，盡情享受瞬息多變、一景猶勝一景的驚奇。尤其在清輝柔映的夜下，高速公路好似一條質地細緻的絨毯，將疾駛而過的車子輕輕托起。無論上山或下海，只要意念一起，就能馬上動身；車在日復一日的生活裡，有忙碌，有甜美，也有怡人的悠閒。我不知道橫越澳洲中部大沙漠、或穿行於挪威的峽灣之間，到底是何感覺？但我時常幻想，如果能夠開在一條景致優美且永無止境的高速公路上，那才叫做痛快！

人從時間永不止息的流逝裡，切出小小的一段，當做自己的一生；人人希望生活得以有聲有色，生命得以發光發熱，但我只能一格接著一格，一張接著一張；寫稿，是教書之餘唯一的工作。寫、寫，不停的寫，每當筋疲力竭、兩手痠痛時，我喜歡隔開人世所有的紛擾，摒除每天必須面對的現實，並關去無孔不入的人語聲，獨自出走。窄窄的小徑，有著大大的天地；我走、我奔、我馳，我自由、我自在、我自如的隨心所欲；一次有一次的體驗，一段有一段的快樂，即使只是短短的十分鐘，也足夠將早已糾結的心情紓解！

我的思想也許有些獨特，未必與人完全通流；我的生活也許有些堅持，不願隨著一起周旋；我並不是一個自私的人，我隨時敞開心靈，歡迎所有願意前來打卡的朋友，但請容許保留一點點不一樣的自我。因為唯有這些自我，才能得到您的認同；才能在茫然無涯的塵海中，還能讓人看到我的存在。對別人來說，散步也許不算什麼；但對我而言，卻是莫大的享受。且讓我在這莫大的享受裡，再次品嚐生命的喜悅！

（中國語文六九三期、二〇一五年三月）

五、在乎

經過一夜風吹雨襲，原本端整佇立街頭的郵筒，因被強風吹落的招牌砸中，頓時傾斜。傾斜的郵筒歪著腰站在街上，好像兩個初次學舞的小孩，踮起腳尖、扭著身體擺出生澀的舞姿。乍看有點滑稽，仔細一瞧，卻愈覺趣味愈濃，濃到最後，有人情不自禁的拿出手機，咔嚓！咔嚓的照個不停，想為蘇迪勒颱風留下最深刻的記憶；有人乾脆不顧形象的有樣學樣，模仿郵筒逗趣的姿勢，斜著身體一起可愛了起來。

這不是窮極無聊的幸災樂禍，不是無可奈何的苦中作樂，而是久蟄於心驟然投射最原始的自己。小時候，仰望天上緩緩成形的白雲，就能無遠弗屆的幻想，快樂自在的逍遙半天；俯視掙破大地才剛吐露端倪的小草，往往忘情的彎下腰來，憐惜的一再叮嚀。如今行經熟悉的街道，對著正在路旁招手的小花，可曾屑於一顧？但在狂風暴雨的肆虐下，不管置身何處，卻都能感受到自然的威力，為什麼？難道已被俗務麻痺的人類，如果不經強烈的震撼，就不足以尋得曾經的失落嗎？

也許為了養家活口，為了追求所謂的理想，我們不管對自己或對別人都太在乎了。在乎自己的表現是否符合社會期待，在乎別人的言行是否侵犯自己的權益；於是左也顧忌，右也提防，每天戰戰兢兢的過活。從前有稜有角的青年，逐漸變成圓滑如石的市儈；還能綻放異彩的自己，卻被壓抑而成千篇一律的作業員。至於幼年的頑皮、孩童的無機，早已隨著年齡的增長而雲淡風輕，而遺留在時間匆促的流裡。

人其實不必這麼在乎，也不用整天緊緊的罩著面具，就像供人投信的郵筒，偶而也可以來個鬼臉，緩解一下已被扭曲的情緒，讓自己、讓別人都能由衷的會心一笑。瑞士阿爾卑斯山側豎立的木牌寫得好：「慢慢走，欣賞啊！」入世已深的人們，雖然必須沿著既定的軌跡運轉，受到既有的規範制約，但在所見就是現實、所忙就是工作的同時，是否想過在茫茫人海划行的雙手，有時候也該鬆開享受片刻的悠閒？

人時常謙稱自己是個平凡人，卻不管能力有多少、事情有多難，為自己、為小孩、為朋友，甚至為完全不相干的人設想，每天任重道遠似的擔心這個，愁煩那個，儘想一些聖人不敢奢望、賢人也難以做到的事情。於是「生年不滿百，常懷千歲憂」，成為這些平凡人偉大的使命。不必回想昨天以前的過去，過去就把它放在心底即可；不用著急明天以後的將來，將來只能天天腳踏實地。因為太多的在乎而作苦自己，需要嗎？

人不僅要做社會人，偶而也應做做自己！一杯咖啡幾樣糕點，可以沉澱一下心情；一園綠地幾棵樹木，也能跳脫眼前的紛擾。望向窗外長吐一口悶氣，把自己浮在空中與白雲一起輕狂；逃出圈囿的牢籠，取下套在身上的頭銜，盡情的在綠草如茵的原野上翻滾騰躍，在波平浪靜的大海裡隨風蕩漾，重溫一襲已被遺忘的純真，品嚐一壺足以灼熱身心的感動，讓自己在繁華、在塵揚的世界裡，仍然擁有自己！

我們希望在熟睡中度過整個冬天，待一覺醒，就能聽到悅耳的鳥鳴、嗅到芬芳的花香，卻忘了「冬天到了，春天還會遠嗎」的提示。我們希望探訪虛幻的桃花源，並定居在與世無爭的烏托邦中，卻始終蜷縮在陰暗的角落，徒然羨慕窗外的美景。當人們把在乎塞滿整個時間的行囊，然後抱怨說生活本身就是忙碌時，何曾想過一切都是由於自己的堅持？其實人生沒有那麼嚴肅，生活也常有驚喜，只要將不切實際的在乎拋去，事事馬上變得怡然又可喜！

響在山坡上的牛鈴，因為此起彼落，才能給人會心的微笑；點綴於草地上的羊群，因為星羅棋布，才能愉悅人們的視野。要求太多的端正，致使生活一板一眼的人們，如果能從原本大家不以為意、因颱風而意外成為眾人焦點的郵筒，就能瞭解：只要一點點改變，生活就有情趣；只要放下在乎的眼前，不管是你還是我，都能回到天真的從前！

（中國語文七〇四期、二〇一六年二月）

六、不捨

不捨嬌嫩的緊貼地面，點點才剛萌生的新芽，正待舒展翠綠的葉子時，微風卻毫不為意的把它吹襲；不捨含苞待放的蓓蕾，正以粉紅的瓣尖吐露春來的訊息，興奮的即將綻放柔美的花朵時，晨陽卻一視同仁、不假思索的炙在它的身上。四季自然更迭，不因人的感受而稍做改變；災難隨時都會發生，不因人的喜好而有所倖免，所以我常因每天的所見所聞而有所不捨。

不是多愁善感，每天無可奈何的自做多情；不是不願面對現實，只求享受而無所作為。我時常思考：如果生命會有漣漪，會有波折，會有不如意的事情，希望漣漪隨即化做清冷的小溪，輕輕的掠過波，越過折，暢快而優雅的向前流。如果成長必須接受淬煉，接受責難，接受慘烈的挑戰，懇求淬煉有如金石交擊時飛濺的火花，將責難改為鼓勵，而使挑戰在可堪忍受的痛苦之下，一閃而逝！

不能以多舛的生命，忍受茹苦含辛的疼痛，一分一毫掙扎的滋長，就無法孕育出炫惑人前晶瑩的珍珠；不能蓄積水勢，波波洶湧的挺進，就難以拍擊危峻的崖岸，撼起一陣陣叫人目駭神搖的巨浪，這是大家耳熟能詳、且已列為金科玉律的名言。但在多舛的珍珠身上，我卻瞧見更多蚌類因折磨而夭死，更多海浪因水量不足而復歸平靜。人，必須接受磨練，無庸置疑；但磨練是否可以因人而異，甚至衡情量力，我更在意，因為我不忍看到有人因此而受傷！

人沒有綿羊溫暖的長毛，不如野鹿的動作迅捷，更少了老鷹君臨大地的翅膀。人赤裸裸的來到這個世界，一切都得從頭開始。沒有人甘願成為弱者，但強者畢竟少數。在為成功的人擊掌，大聲喝采他們傑出的表現時，是否想過多少庸庸碌碌的人們，正面對環境無情的考驗；多少善良無辜的人民，正遭逢或輕或重的災難呢？每次想到這裡，就不禁悚然而驚，就於心有所不忍，不忍他們為何必須承受這些可能降臨的傷痛？

人迷迷糊糊來到這個陌生的世界，絕非自願；縱使親情再多，呵護再密，也無法保證幸福美滿的過完這一生。人如果沒有壽命，就不會因可能失去的性命而恐懼，更不必由於日漸衰老的容顏而感傷。但人不但有感覺，而且有知覺，知道親人無法終身陪伴，所以只好自立自強；瞭解壽命不過百年，所以應該全力以赴。人就在自立與奮起的同時，像逆風飛行的孤雁，即使不致於喪命，也得任憑風雨無情的凌虐；我為這些挺起胸膛頂天立地的人，感到不捨！

「這樣的夜晚，誰還在風中奔馳呢／是父親和自己的孩子／他將孩子緊緊地擁在懷裡／緊緊地擁在懷裡，使他不致於受寒

孩子，為何你驚恐的蒙著臉呢／爸爸，難道你沒看見那魔王／他拖著長袍，頭上戴著王冠／孩子，那只是一縷雲煙罷了

來，可愛的孩子，跟我去吧／我陪你玩非常有趣的遊戲／海灘上有色彩繽紛的花朵／我母親有很多漂亮的衣服

爸爸／你沒有聽到嗎／魔王暗中答應我的事情／不要出聲，孩子，不要出聲／那只是風吹枯葉的聲音

可愛的孩子，你願意跟我去嗎／我女兒會好好照顧你／她們每天晚上都會跳舞／搖著，跳著，喝著，催你入眠

爸爸，你沒看到那裡嗎／魔王的女兒正在陰暗的地方／孩子，我看得很清楚／那些只是灰色的老柳樹罷了

我喜歡你，你美好的臉孔使我心動／如果你不肯順從，我要動粗了／爸爸，他現在要來捉我了／魔王使我全身疼痛

父親策馬奔馳，恐懼驚恐／他抱著不停呻吟的孩子／好不容易回到家裡／懷中的孩子卻已離開人世。」

每次讀到哥德的魔王，總是為孩子（人類）的無助掙扎悲憫，為父親（命運）的無可奈何感傷，也為無端凌虐人類的災厄（魔王）生氣。面對橫遭作弄的人類，有誰能夠

視若無睹呢？

以前，常對疼惜花朵凋零而落淚的女孩感到不解；如今，卻小心翼翼捧起跌落地上的雛鳥而有所不捨。我不是虔誠的宗教家，仍然保有我之所以為我的一切自己；自忖無法摩頂放踵，為了拯救飢餓而整天在地球之上奔走，但我深深的瞭解更多為人所忽視的悲慘。如果我是上帝，一定重造伊甸園，讓人類在此逍遙；我將賜福給人們，讓所有的憂愁從此遠離。因為同為人類，我實在捨不得任何一個人受苦！

（中國語文七〇七期、二〇一六年五月）

七、宿舍

排隊到講臺前領取講義時，不經意的回過頭來，突然看到一個美國人排在後面。正猶疑時，這位美國人向我微笑示意，我禮貌的點點頭，就回到坐位上了。下課時，美國人邀我到他的宿舍一坐。

走出師大，走入麗水街，在一個破舊的木門前停了下來。擡頭一看，滿天蔓生的藤蔓，從牆角爬到橫在空中的電線，織成一個恐怖片中才有的場景。推開木門，整座房子陷在芒草遍布的叢林中，只剩屋頂浮在綠色的波浪上掙扎，好像正在搶吸一口僅能維命的空氣。踏進屋內，這間佔地兩百多坪的日式宿舍，計有七個房間，每間各租一人，屋主獨自住在裡面的套房裡。戴思客（Dr. Scott Davis）兄因其老師臨時有事，未能來臺，所以正有一房空著。這個宿舍雖然又破又舊，但卻隱隱透出一股濃郁的美感，因此我決定搬來這裡。

住在這裡的人，除了外出或上廁所外，鮮少踏出房門。環屋的走道，時常空空蕩蕩；偶而在走道上碰面，除了彼此說早問好之外，幾乎很難聽到講話的聲音。因為誰也不想多談，誰也不想多管，所以走道髒了，只要看得過去就好；廁所經年累月，似乎從來沒人刷過，大家也習以為常。我想既然住在這裡，既然喜歡這個氛圍，就由我來做吧！

每個星期，馬桶刷洗一次；每隔一個禮拜，走道、浴室全部加以清洗。屋內整理好了，屋外卻連立足的地方也沒有。於是買了鐮刀、鋤頭，斜著身體側入芒草林中，邊割邊鋤。手腳四肢傷痕累累，臉上頸部全部掛綵；每到黃昏收工時，全身紅腫疼癢，有如無數螞蟻正在身上爬行，真想就此打住，但我忍了下來。本來全被芒草淹沒的庭院，今天鑿穿一口天井，明天理出一隅晴空；前後花了兩個星期，宿舍終於重見天日。

庭院整理好了，但蔓生的九重葛仍然攀在電線之上，遮去東邊晨起的太陽。一不做，二不休，索性來個徹底的整容。於是拿起鋸子，鋸那如柱如桶的樹幹；戴上手套，折那如荊如棘的藤蔓。血，沿著汗水滴下，也無暇顧及。鋸好之後，堆在前庭，我手持水管，點火燃燒，足足燒了半天之久。屋主看了，滿心歡喜！

後來屋主移居美國，囑請其兄回國處理。其兄一到宿舍，即以房屋必須整修為由，要求租者立刻搬離。臨走時，其兄要我留下新地址，我也不以為意。過了一個星期，深知我對房子一向費心的其兄，親自前來叩門，請我重回麗水街，代為看管房子之後，也回美國去了。

喜出望外的我，懷著童話一般的心情，獨自住在這個大屋子裡。因為四周的圍牆已將外面的噪音阻絕，所以即使白天，這裡仍然異常寧靜。我盡情的讀、盡情的寫，整天都在紙上奔馳。累了，倚在寬敞的走道上，瞧瞧微風滑過葉間，迎面徐徐吹拂的溫柔；夜晚，坐在臨窗的桌前，欣賞蓮步挪移的月亮，輕盈的從我書上踩過。除了梅娜偶而帶著小孩來此嬉戲，我們共享童言童語的歡笑之外，我彷彿不染塵煙的隱者，任性的過著完全自我的生活。

當然，我也歡迎要好的朋友來訪。每當春茶、冬茶才剛上市，建宏平時沉默寡言、遇到好友才滔滔不絕的陳哲章副總，屢為朋友設想、做的永遠比你想的還多的蔡秋文經理，福壽又是連襟又是好友、時常不辭百里而來暢敘的王榮裕副總，就會來此品茗。我們各取一個山頭，由低而高，依次沖泡。茶香伴著蒸騰的熱氣，逐漸瀰漫；茶味含著森林的氣息，頓時洋溢；而茶水則映著明朗的晴陽，一片金黃。大家從茶談起，邊聽音樂邊聊著天，聊到夜幕已經低垂、月亮已經西斜，仍然意猶未盡；聊得不知除了這裡之外，還有另一個明天必須面對的大世界！

這裡的美，這裡的好，使我捨不得一個人獨享。於是每個學期末了，一班各給五千元，邀請兩班同學都來庭院烤肉，讓同學們歡樂的笑聲，笑出青春的火花。每個學年末了，高三畢業之後距離聯考的日子，還有整整一個月，同學們時常為了爭得一席讀書的坐位而徹夜排隊，而睡眠不足。於是我和同學們訂了一條簡單的規則：只要不影響我，同學們可以自由進出這個宿舍，讓同學們認真的身影，得以切進理想的大學。我深深的覺得，這個美得自在、好得自然的宿舍，一定能給同學們最多、且最美的回憶！

一分意外，使我居處在繁華的都市之中，而置身於世外桃源的宿舍之內。每天除了教書之外，就是讀讀寫寫，就是全力的衝刺、任情的揮灑。如果能有一些成績，一定是這個宿舍默默的協助。二十二年來，這裡比出生的故鄉住得還久；如今宿舍早已蓋成大樓，但宿舍裡的一草一木，還是時常在腦海中浮現；因為，它是我的昨天！

（中國語文六七六期、二〇一三年十月）

八、寫　書

早上走進辦公室，物理科林森雄老師遠遠的就向我招手。走進身旁，林老師低聲問我：「要不要寫參考書？」我一向志在學術與創作之上，至少也應對教學有所貢獻，因此不假思索的回絕了。過了一個星期，林老師又把我叫過去，語氣嚴肅的說：「建宏現在正缺國文一科，你如果想寫，這是一個千載難逢的好機會。」

當時在建中任教，月薪一萬多元，扣掉固定必須寄回臺南老家的五、六千元，所剩的必然捉襟見肘。我想：如再堅持下去，不但升學只是奢談，日後可能連基本的生活都成問題，何況如日方中的建宏出版社，多少人想為它效力都還不得其門而入；如今因為林老師受建宏之託，器重我這位後生晚輩，怎能不知好歹輕易的放棄呢？於是正式接下這個工作。

隔天早晨，建宏董事長林世忠先生、總經理林世楨先生兄弟兩人，冒著十二月已漸寒冷的天氣，肩扛三十粒裝的大水梨一箱，親自踵臨宿舍拜訪。林董兩人坐定之後，隨即開出一張面額五萬元的支票，以供買紙、買筆之用。一向安分貧儉的我，怎能當此大禮？當下即將支票退回，收下平時絕對捨不得買的水梨之後，相約晚上再詳談寫書的細節。

到了晚上，林董兄弟訂了一家豪華的餐廳，要我前去一敍。我想，只是要談寫書的事情、只是吃頓晚飯而已，何必大費周章呢？於是向林董建議，就在巷口的麵攤即可。林董兄弟屈尊移駕，依約前來，大家各吃一碗麵、各飲一杯啤酒，相談甚歡，接著就是我漫漫長長暗無天日的生活了。

因為只有短短半年，就得把高中國文一、三、五冊的參考書同時完成，按常理推估，根本不可能。紛繁的頭緒，使我整天坐立不安；我想著手整理資料，但卻不知從何做起？我甚至害怕無法獨力完成，而想邀請朋友一起參與。如此猶疑、恐懼而又遲滯不前的過了兩天，終於下定決心。為了爭取寫書的時間，與相識已經一年有餘的女友梅娜商量，是否可以馬上結婚？因為按照規定，婚假除了固定的週六、週日之外，還有整整十四天假期！

因為當時學校所教、考試所考的課本，只有教育部的部編本一種，所以只要針對此一版本即可。但是問題來了，部編本是學校與考試唯一的依據，所以不管你是否同意，他的注解就是唯一的說法，如果提出個人的意見，不但會造成老師教學上的困擾，而且還可能讓同學們在聯考時失分。但如有明確的證據顯示，部編本的說法並不恰當，身為一個負責的作者，怎能昧著良心不說呢？於是：

在部編本的注解旁邊，加上自己的意見，如陶潛桃花源記「落英繽紛」的「落英」一詞，課本根據說文解字「凡草曰零，木曰落」，而將「落英」一詞釋為落花。我在旁邊加注，根據詩經周頌：「訪予落止，率時昭考。」傳云：「落，始也。」「落花」也能釋為初開的花。

在部編本解釋不夠完整、意思不夠清楚的地方加注，如桃花源記「男女衣著，悉如外人」，課本只注「男女服裝全如外界的人」。「外界的人」一語，很容易被誤為同一時代、桃花源以外的人。因此在旁邊加上桃花源詩：「俎豆猶古法，衣裳無新製。」王維桃源行：「居人未改秦衣服。」所謂的「外人」，不是桃花源以外的人，而是指與當時的晉人不同、來此「避秦時亂」的秦人。

在部編本沒有注解、各家解釋不盡理想時，就直接提出自己的看法。如方孝孺指喻「既三日，聚而如錢，憂之滋甚，又以示人」的「聚而」二字，一般人都把「聚」字釋為聚集，但我越看越不對，只是一個小小的疹子怎能「聚」呢？於是從周禮天官獸醫注的「節，趨聚之節也。」釋文：「聚，本作驟。」「聚」通「驟」，將「聚而」釋為「驟然」。此一說法，如今已經成為通行的標準注解了。

古詩古文的年代已經久遠，眾說紛紜的情形在所難免。部編本的編者，只是從中選擇一種比較認同的說法，做為注解罷了。但部編本為了顧及老師們在教室裡的臨場發揮，所以付之闕如的地方也不少。教科書可以如此，但做為輔助教科書的參考書，卻須字字精解，否則就失去參考書的功能了。於是：

在單字解釋上，必從全文的主題、仔細推察上下文意，從中尋找這一個字最正確的解釋。如指喻「然始發之時，終日可愈；三日，越旬可愈；今疾且成，已非三月不能瘳」的「且」字，不能釋為卻、將或而且，而應當做「助詞」，否則文意就不通順。

在語詞的解釋上，如果此一語詞的用法很多，為了慎重起見，一定先將各種用法羅列開來，然後選定最能吻合題意的用法做為注解。如屈原漁父「安能以身之察察，受物之汶汶者乎」的「汶汶」一詞，有音ㄨㄣˊ，黏唾之意；有音ㄨㄣˋ，水名；有音ㄇㄧㄣˊ，山名；有音ㄇㄣˊ，玷辱之意四種。用在漁父這個文句上，只有音ㄇㄣˊ、玷辱之意才對。

在文句的解釋上，文句如有倒裝、如有省略，一定加以還原。如酈道元水經江水注「或王命急宣，有時朝發白帝，暮到江陵，其間千二百里，雖乘奔御風，不以疾也」的「雖乘奔御風，不以疾也」，課本釋為「雖乘快馬，駕疾風，也不及船行快速」，「以」字未做解釋。太平寰宇記則引「以」作「加」。但從上下文意來看，與其解釋為「加」，不如將文句省略的部分填入，而成「雖乘奔御風，不以之為疾也」，不是更直接、更清楚嗎？至於字句的解釋，如有不妥或不近情理之處，一定加以釐清。如顧炎武廉恥「為機變之巧者，無所用恥焉」的「為機變之巧者」，原式應為「巧為機變之者」，善於賣弄機心變詐的人；「巧」為副詞，善於、擅長；「為」是動詞，當從事、賣弄解釋；而不應以「只會賣弄機心變詐取巧的人」來搪塞。

每一字、每一詞、每一句，都以絕對負責的態度，忠於原文，詳盡注解；即使是眾人敬而遠之的虛詞，仍然字字精解。因為字字精解，所以在古詩文的語譯上，不但要求清暢自然，而且譯文與原文之間，還得直接對應，務使原文每一個字的字義，都能在譯文之中找到；同學們只要看譯文，就能瞭解句中每一字、每一詞的意思。因為所謂的好老師，就是能將課文字字精解、句句精譯，不慊不餒的站在講臺之上，面對同學；所謂的好書，就是同學們打開書來，不假外求，就能一路無礙的閱讀下去。身為作者唯有如此，才能放心的把書出版！

我寫書，梅娜在桌子對面校稿，偶而兩眼相視，也只會心一笑，馬上就又各自埋頭工作。我寫到幾點，梅娜就校對到幾點；苦，在當時一點也不覺得。睡得比月亮還晚，起得比太陽還早，我有長達半年之久，每天睡眠不足三小時；即使往後的十八年，一天睡眠的時間，也不超過五個鐘頭。為了寫書，我拋家棄子，獨自住在離家還有一小段距離的宿舍裡；如此不眠不休，只盼能夠養家活口；除此之外，別無所求！

建宏林董兄弟任我揮灑，從來不做任何限制；常在打字公司陪我看稿，幫我打氣，並不惜成本大力的行銷；我把林董兄弟當做兩位大哥。副總經理陳哲章先生，除了銜命催稿、取稿之外，只要有所需求，他一定立即處理；有待協助，他一定設法排除；使我在撰寫期間，得心應手，從無支絀之虞；我把陳兄當做一生的好友。經理蔡秋文先生，陪我南奔北走，不曾喊累。我演講，他負責安排；我拜訪，他為我開車；回到臺北，仍然東一個拜託，西一個懇求，整天電話打個不停，希望書能廣被接受；我把蔡兄當做親如手足的弟弟。直到二十年後的今天，建宏對我的態度，依然如昔！

二十多年來，我把全部的時間拿來寫參考書，至於研究或創作，只能從中偷閒。一頭栽進參考書的世界裡，本來想當教授的我，雖然無法如願，但我一點也不遺憾；因為在人生的路上，我始終過得認認真真，走得踏踏實實！

（中國語文六七二期、二〇一三年三月）

九、學拳

從髮梢、從臉頰、從指尖輕輕滑過，像潺湲的溪水，綿綿不絕又溫柔多情的吹的拂的碰的觸，本來汗流浹背的身體，恍如沐浴在細膩輕盈的柔波之中，頓時玲瓏。風愈吹愈多，氣愈漲愈高；愈漲愈高的氣，漫過腳踝、漫過胸前，最後把人溺沒在潔淨如洗的快意裡。綠洲最美，因為它在沙漠之中；山谷最幽，因為地處群崖之內；不管站在峻嶺迎著紛紅駭綠的山風，還是對著大海享受徐徐如習的涼意，從來沒有這一陣風清爽。我們像鰭一樣的揮的舞，像尾一般的擺的盪；如魚得水的我們，就在這一陣微風的吹拂之下，忘了自己！

每天早晨六點，準時在師大的操場旁邊練拳。我們用身體描摹多變的拳法，以手腳詮釋玄妙的精神。從霧色朦朧打到天際泛白，從天際泛白打到晨曦始露，全身淋漓。但只要擡起頭來瞥見一線藍得潔淨無瑕、藍得晶瑩剔透的藍天，彎下腰來俯視一隅綠得遍野如茵、綠得鮮翠欲滴的綠地，我就滿心歡喜。不經意的藍天、不預期的綠地，加上偶而吹拂的微風，這種奇特又美妙的經驗，使在地表曾經留下不少足跡的我們，瞬間有了全新的感動！

我曾經前往森林深處，只為欣賞帝雉響徹山谷的啼聲；曾到瀑布沖刷的山腳，只為領略傾洩崩墜的怒吼；我更選擇最能再現原音的音響，只為聆聽樂者心靈的跫音。詡詡自稱早已聽遍世上的美聲，卻不明白在單調無趣的打著拳，在筋疲力竭的划著手時，婉轉的鳥囀有時沿著招展的枝條，詠唱大地的頌歌；有時則自稀疏的枝葉穿出，聲聲清脆、聲聲悅耳的敲在才剛明亮的天空。我們一面擺著動作，一面聆聽來自樹上的天籟，你看我、我看你，大家心照不宣的發出會意的微笑。因為這兩隻常來即興遊唱的鵯鳥，我們喜歡這裡！

我珍惜每一分每一秒的時間，認為生命應該花在最有意義的事情上，至於運動，只要晚上環著大安森林公園走走路、做做體操也就夠了；對於武術，不但一竅不通，而且也不想涉獵其中。誰知道梅娜一時的好意，使我偏離數十年如一日的軌道，而意外的岔入全然陌生的領域。來到這裡，猛然發現「不識廬山真面目，只緣身在此山『外』」。我看到習武的人不乏飽學之士，並非個個都是無術之輩；學到真正的拳法，不只做做樣子而已，每個由內而外的動作，往往蘊有更為深層的意涵。平常深居簡出、不理世俗，即使行經街道也像走在化外之地，竟在這裡遇到無論在藝或在人，都惠我良多的老師，我也交到不少無機、忘機而有機趣的好朋友。

在這半年裡，一起打拳、一起煎熬、一起在校園的商店前，沖泡採自高山的好茶，任森林自然的氣息，氤氳的旋著我們無羈的笑聲，隨意縹緲。在看山看海、觀嵐觀瀑之餘，大家沐浴在暖和的陽光下，披著已經入冬的涼意，架式一擺，就在觀音山上打出一節引人駐足圍觀的好拳。我們更相約直上武陵農場，讓豔冶的楓紅暈染我們顏色已褪的青春，讓翡翠的綠意再次蕩漾我們生命的喜悅；在這如詩如畫又如迷的美景裡，不管擺弄的姿勢為何，都是高手，全部好看！

揮灑熱力，獵捕夢想，我一直把對身體毫無節制的需索，視為當然。如今回過頭來想想，似乎也該做些運動回饋始終無怨無悔、全力付出的身體了。來自中國的烏龍茶，經過臺灣風土人情的孕育，早已長出迥異原產的新品質；來自中國的漢人，經過平埔、荷蘭的聯姻，早已生出非獨漢人的新品種；來自中國的太極拳，經過諸位先進的琢磨，早已走出陳氏框架，渾然自成一套新拳法。一生都在舞文弄墨的我，也許有一天也能舞出一套像樣的太極拳吧！

（中國語文六八九期、二〇一四年十一月）

一〇、檢 定

才一踏進體育館，又是喧鬧、又是叫喊的吵雜聲，聲聲入耳；尤其不斷嗡嗡作響的麥克風，夾著五音不全的歌唱，活像一齣正在上演的市場劇。我告訴梅娜：「我們走吧！」梅娜說：「既來之，則安之，檢定完再走吧！」環視左右，也許平常勉強稱得上寬敞的體育館，一時擠進來自全國各地的英雄好漢之後，簡直可以用駢肩雜遝來形容。隨便找個位置坐下，工作人員隨即前來制止：「樓下不能坐人！」我們爬上指定的二樓，坐在比天還高、比山巔還險的小椅上往下瞰，有如群蟻四處游走的人，恍如浮在鼎沸的聲波裡搖晃，晃出這個一年一度的盛會。

走下階梯，走到人群不停穿梭的大廳，在陽光投射的窗前坐了下來，我像剛被溫熱的冷血動物，頭緒頓時紛繁：從小就當班長，成績一直名列前茅；比賽時常優勝，所寫的著作也連連得獎。想想自己一向意氣風發，如今何苦來哉，僅為一張無關痛癢的證書，竟然必須如此低聲下氣？虎落平陽的感覺，陡然而生！

又不是參加大學聯考，非得穿過這個窄門，否則前途難見曙光；又不是參加高普考，非得經過國家認可，否則無法身膺重責大任；又不是參與就業考試，非得取得私人企業的首肯，否則不能找來一口飯吃。古人「十年寒窗無人問，一舉成名天下知」，所以再苦再窮再無奈也要撐；因為唯有通過考試，才能飛上枝頭揚眉吐氣。時至今日，舉人、進士早已成為歷史名詞，但取而代之的各種考試，卻不可或缺的年年上場，這是莘莘學子及普羅大眾出人頭地的機會，除此而外，何必委屈自己呢？

插花有流，跳舞有級，拳術有段；為了壯大組織，為了博取經費，因此各種檢定有如雨後春筍，紛紛各自巧立名目、明定等級以廣招徠。於是插花的人整天講花，跳舞的人終日手舞足蹈，打拳的人則開口、閉口都是拳經，行有餘力的「游於藝」，早已喧賓奪主，而在我想我求我要的欲念下，躍居人生舞臺的唯一要角。如果藉著檢定，促使人們重新拿起書本，或捲起袖子親自操作，將還未具備的能力補足，並提升原本未精的學養，檢定就是門檻、就是標準、就是驅策受測者進步的動力，這種檢定愈多愈好；如果並無關於學問民生，何必太在意呢？用插花來娛情養性，能使生活更有情趣；用跳舞來訓練反應，能使動作更為靈活；用打拳來鍛鍊體魄，能使自己更為健康，不是嗎？

技藝不會因為檢定過了就變好，也不致由於檢定未過而變差；既然參加檢定，就得咬緊牙關一而再、再而三的苦練，再難再煩再不情願都得忍受，因為這是你自己的選擇。檢定除非採用機器，否則只能靠人來評定；操之於人的檢定，儘管裁判全神貫注，但人畢竟是人，人有好惡、有情緒，還有或因水準、或因慣性莫名來由的偏執。於是只瞧見自己喜愛的一點，馬上喝采叫好；遇到有別於自己的招式，可能當下打叉，這種情形未必屢見不鮮，但也絕對不在少數；如果沒有這分認知，請你不要前來受氣！

技藝檢定，就像便利商店不定時推出的集點活動，只要依照所謂的規則，集到一定的點數，就能換得標榜的贈品。如果一笑置之，這種活動一點意義也沒有；如果你在乎，你不但得花錢，而且還須隨時注意活動的情形，以免向隅而徒呼負負。檢定也一樣，當你一頭栽進裡面，檢定立即膨脹而成整個世界，你思你想都在這個狹窄的世界裡旋轉，你喜你怒也只有此中人可以和你共鳴；好像活在魚缸裡的熱帶魚，你認為無限寬廣的世界，其實很小，小得足以把你緊緊的制約。唯有離開這個情境，才能海闊天空！

也許人們都有所求，所以對神對佛又叩又拜，又是捐獻又是亦步亦趨的尾隨遶境；也許人們需被肯定，所以一旦接觸，立即投入證書的收集且樂此不疲；儘管風氣如此，但我認為人應活在理性之中。檢定一關關的過，證書一張張的拿，當然可以肯定自己，但人需被檢定、然後才能自我肯定嗎？每一個人的價值觀不同，每天的生活方式也迴然而異；生命的長短也許無從掌握，但生命的熱度卻須自己去加溫。只是一技一藝的檢定，即使放棄、程度也不減，人生還有更多值得追求的東西，我並不屬於這裡！

走出體育館，張開雙手迎向萬里無雲的晴天，且將久羈的靈魂釋放，我自由了！

一一、同學會

上星期接到一通陌生的電話，應該是曾經熟識的朋友，但其說話的語氣使人感到莫名的冷淡，原來是小學同學會的通知。也許是時間的隔閡，這位同學的印象已經模糊，模糊得好像不曾認識；也許是空間的疏離，這通電話有如無關痛癢的詢答，使人感到無可無不可，但我還是順口答應了。

幾朵皎潔的白雲，飄浮在洗練的天空上，陽光灑滿大地。走在赴約的路上，走向猶如不可預知的未來；我懷著無所謂的心情，不甚在意的走在街道上，街上的行人全都漠然無關，我彷彿佔據了整個陌生的世界。走到同學會的會場，沒有歡迎花俏的海報，沒有前來接待的同學，更看不到似曾相識的朋友。是不是早到了？可是錶上的時間正好指著下午兩點；是不是夢裡的邀約？但邀請卡明明拿在手上。打開邀請卡一看，時間沒錯，日期卻是明天！我突然發現：時間正被熙來攘往的人群迅速侵蝕，而空間又在潮湧的喧嘩聲中水泄不通了。

在咖啡廳裡坐了下來，內心感到一陣茫然；不是有所失或有所憶，而是隱隱浮現、不絕如縷的悵惘。從前同窗讀書、結伴出遊，甚至相互掩護、一起被罰的日子，隨著年齡一天天的增長，逐漸由彩色而變成黑白，由黑白而泛黃褪去了顏色。當時同窗生活的片片剪影，偶而也會如夢中情節似的在腦際閃過，但如今好像夢已遠逝似的離得好遠好遠了，好像自己不曾待過這個班級－雖然我確實待過！

「我在那裡任教，你就到那裡來玩！」曾經接受時在澳洲大學執教的美國朋友，帶著全家大小前去澳洲一遊；好友租了一部休旅車，從坎培拉連開四個小時，前來雪梨迎接我們。一路上殷勤解說澳洲的地形，介紹澳洲的政治，使我至今仍然記得：整個澳洲大陸，幾乎全是尤加利與 wattle 兩種植物的天下。到了坎培拉，我們在沿溪的森林用餐，在葛芬湖畔閒聊，在原始的國家公園裡觀察袋鼠，並豎耳傾聽無尾熊低沉宏亮的叫聲。回國之後，收到一個寄自國外的包裹；打開一看，原來小女掉在高塔上的帽子，好友從坎培拉把它寄了回來。如今異國相隔，彼此見面的機會並不多。

曾經結識一位年輕時就赫赫有名的書法家，初次見面即傾蓋如故的暢談三、四個小時，從此兩人時相勸勉。好友為了鞭策自己，答應每半年贈送墨寶一幅，以示日有進境。名氣愈來愈大的他，字的價值也隨著水漲船高。我何德何能，竟能承此大禮？於是自動請求將半年改為一年，最後我希望以價購的方式收藏。好友在我執意的堅持下，說：「日後如蒙欣賞，一律半價；但書名題字，則樂於義務從命。」兩家雖然近在咫尺，卻因各有所忙而疏於聯繫。

曾經認為年紀一大，絕難交到知心的朋友；等到走進師大操場，才知道一切都有例外。大夥從素昧平生到點頭招呼，從點頭招呼到稱兄道弟；每天雞鳴即起，綴星著霧的站在渾沌迷濛的晨色之中，舉手投足。隔閡，在眼睛交會的火花裡融解；而陌生，早已隨著全身蒸騰的熱氣飄逝了。沒有貧富，沒有身分，甚至連一生堅持的原則也打破了。卸下面具，來自各個領域的精英，早已成為一群不分彼此的好朋友；但我擔心一旦物換星移，師大還能自在的運動嗎？

友誼，應該是越陳越香、越舊越好；可是今天，卻因速食情感的充斥，似乎變成了不必要的累贅。人們所注重的，只是每天相處的朋友，只想擷取微量而短暫的情誼，在早晨開出燦爛的花朵，而到黃昏時無奈的凋謝。我很想把過去的友誼，製成一束束乾燥花擺著，卻又怕乾燥花永遠無法與正在眼前盛放的花朵相比。

離開咖啡廳返回家裡，找出滿布灰塵的同學錄，審視每一位已經逐漸淡忘的同學，心中頓時升起一股莫名的恐懼。於是，把同學錄放回架上，我想：夜深了，該睡了，明天還得參加同學會！

（國文天地一七一期、一九九九年一月）

一二、憶雙親

(一)空等

好熟悉、好爽朗、好親切的聲音，隱隱約約又歷歷分明的飄入耳際；我懷著愉悅的心情，從睡夢之中醒了過來；原來是早上負責清掃的工人，正在門前講話。沮喪的爬下床，隨手披了一件衣服，信步走在瀰漫著薄霧的街道上，沒有目的、也不想什麼。突然自遠而近，有位老者緩緩的踩著踏板，迎面而來，我本能的張開口來，想像從前一樣的大聲招呼；但這位老者不解的看了一眼之後，隨即錯身離去，只留下我愣然僵在空中的表情。

回到桌前，拿起筆來正待工作，不意瞥見一枚精美的郵票；手持郵票盯著，一時莫明所以。從小讀書就頗為自主，好像從來無人聞問似的；父親對我的學業，一向放心的放縱。我想看書，父親馬上買盡所有的童話；我想轉學，父親立即辦好一切手續；甚至我想集郵時，父親也毫不猶豫的任我予取予求。反正再怎麼任性，父親還是能為我找到冠冕堂皇的理由。可嘆精美的郵票還在，可是聽我胡來的父親，早已陰陽兩隔！

把筆放下，走到客廳，一如往常的拿起叉子，但桌上切好的蘋果，卻在恍惚之間變成一片片剝好的柚子。由於家住鄰近麻豆的佳里，所以只要文旦產季一到，並不相信子女眼光的父親，一定得親自挑選才放心。你一箱、我一簍，在他例行的盤算下，我們不曾錯過這個重要的季節。尤其文旦之後的白柚，更是甜美；父親不但又買又寄，而且常把他認為最好的幾顆，擺在櫃子，等到過年回來，他才如釋重負的遞給我。以前從他手上接過這些白柚，不但覺得自然而然，甚至有時還嫌麻煩；現在，我反而氣他為何不再留給我了！

父親時常冒著刺骨的寒風，手持釣竿蹲在海水與淡水交會的河口，釣取可以補我身體的鰻魚。他也會在雞還未啼的晨夜，捧著爐火放上瓦片，煎炙可以讓我明目的螃蟹。當我幼年半身癱軟，大家已經不抱希望時，父親仍然偕同母親，背著我到處訪醫求診；只要一點點聽說，立即無遠弗屆，終於使我健康如初。父親，您真的很傻，您知道您所做的一切，您兒子直到此刻才能深切的領情嗎？對於朋友，我們可以熱情；但當面對親人，我們卻往往吝於表達；難道情至深處，反而平淡如水？父親有如冷暖適中的春天，使我得以如沐春風的為所欲為，且視為當然的不知加以珍惜。如今父親走了，天氣變了，我淒冷的走遍庭中每一個角落，盼能尋找往昔熟悉的身影，結果……

上有長兄七姊、下有一妹的父親，生在大家世族之中，從小備受寵愛，因此唸完小學，隨即負笈赴日就學。二戰末期，東京滿目瘡痍，而且死傷遍野，於是離鄉十來年的父親，匆匆整裝回臺。船到中途遇襲，海水不斷倒灌進來，父親和船上的乘客捲起袖子，堵住破洞，船才順利返回臺灣。回臺之後，父親意氣風發的膺任機械工程師，且先後在縣、鎮政府擔當要職。由於崇尚自由而不喜被人拘束，最後毅然辭歸鄉里，耕植務農，並嘗試營商。父親平易隨和的個性，使他在事業上未能大展鴻圖；但他自樂天的情懷中，不時發出的開朗的笑聲，卻一直在我們的心裡迴響。

「父母唯其疾之憂」，論語說對了；但「有酒食，先生饌」卻有待商榷；因為在我家裡，不但有酒食子女饌，而且凡事都以子女為主。人人又督又促，唯恐子女不能專注，但我父母不但未曾鞭策，而且回過頭來一再的叮嚀：睡眠要足，休息要夠；可恨我連這個簡單的要求也做不到。我不敢說自己孝順，但我真的很愛我父母：「現在，月亮已經開始西斜了／星星已經下沉，是午夜的時分了／時間仍然飛逝不停／我一個人臥著／還在空等」（薩弗 Sappho 午夜）每天每夜，我悵然若有所待的等著。「往而不可得見者親也」，一日之內驟失雙親，使我瞬間成為天下最不孝的人；因為正當我想學習什麼叫做孝時，您們一起走了！（父親楊河清先生、母親楊林錦雲女士）

（二）樹欲靜而風不止

您講的話，比卡那娃的歌聲還甜美；您談的往事，比希臘神話還迷人；您說的道德，比往聖先賢還有理。多麼希望每一個晴朗的早晨，陪您在院子裡、在陽光下悠閒的坐著，讓和煦的太陽把您臉上的皺紋曬開；讓輕拂的微風把您心頭的愁憂吹去；讓草尖的露水，在面前晶瑩的閃爍。您的提醒是暮鼓晨鐘，即使只響著同一個聲調；您的叮嚀是古典樂曲，即使有時過於繁複。您的話聆聽一千遍、一萬遍，我也不嫌多。我喜歡您的聲音時時在腦海中、在心坎裡迴盪！

如果您講累了，沒關係，我會沖泡臺灣最好的茶葉，奉上一杯最誠摯的孺慕之情，溼潤您想見遠在異地遊子的渴盼。您不用翹首北眺，您只要低下頭來，就能看到您所懸念的兒子，正在您的跟前胡說八道。也許您想休息了，不要緊，我將擡起頭來仰望您的雙眼，學習您眸子裡流露的堅毅；然後輕輕的握著您的手，從您那胼胝的繭上，得知如何才能真正的過活。且讓我靜靜的陪伴您，只要能在您身旁，我就覺得安心、覺得快樂，有如小時候！

您朝思、您暮想，但您卻將與日俱增的思念強自壓抑，唯恐不慎發出聲來，可能干擾日夜不休、隨時都得振筆疾書的兒子。就像從前喚醒早起讀書的我，躡手躡腳端來一碗加進蛋與熱米湯的牛奶之後，絕不贅言的忙弄早餐去了。就像半夜倚著昏黃的燈光，輕絲細線的編織貼補家用的草蓆，深怕影響正在熟睡的我們。本是富家千金、個性開朗的您，為何面對家人總是顯得如此的拘謹？

您的一生很精彩，精彩得把辛苦折磨、羞辱打擊一併品嚐；您的生活很充實，充實得整天做牛做馬、又勞又瘁的無暇喘氣；您的內心很滿足，滿足得將對兒子如山如海的思念整個包容住了。臺北不遠，卻被荒忽的心給隔開了；回家不難，卻常因莫名的拖延而耽誤了。我沒有足以傲人的成就，可以妝飾您雍容典雅的面容；但我卻以繁忙為藉口，不斷剝蝕您有限的生命。漫長的一天又一天的來了，心有所盼卻一再失望的過了，如果、如果、一千萬個如果，只要您能再醒過來……

您的病情，承擔不起絲毫的打擊，可是打擊恍如不肯鬆手的宿仇，再度糾纏。得知父親走了，您黯然的流下淚來；在鶼鰈情深的心中，早已暗暗做好決定，只是您還有所待。當我隔天來到床前，您昏睡的雙眼乍然睜開，好美、好亮、好高興的眼睛，緊緊的盯著我看，看這個坎坷窘困之中最大的寄託，彷彿只要一闔眼，眼前的我馬上就會消逝。當您看到小翔時，您高興的眼神有如穿透層層雲翳的晨陽，綻放百道、千道的光芒；只見說不完、數不清的驚喜，一時迸射，您想您盼您最期待的長孫撥冗回來了。您彷彿不敢相信自己眼睛似的眨了一下，再次仔細端詳；等您確定不是夢而是真的，您張開一向緊閉的嘴唇，無限歡愉的笑了。當小翔彎下腰來親您額頭、要您等他結婚看新娘子時，您不但笑了，而且還用力自喉嚨擠出聲來，連連說好。誰知道才一轉身，您就帶著了無遺憾的心情，跟隨爸爸一起走了！

您活得再久，我都嫌短；您什麼時候離去，我都感到突然。陪您走完最後一程，我們坐進車裡，不知駛向何方？沒有雲，沒有霧，眼前卻一片迷茫；沒有憂，沒有愁，心裡卻挨著無以言喻的慟。原來人世之間的情，親情最深；一切的痛，失親最痛。我們在街上漫無目標的走著，走在永無盡頭的路上；反正距離天亮還久，反正過了今天還有明天；以前常嫌不敷使用的時間，現在多得使我什麼也不想，什麼也不做了；「出則銜恤，入則靡至」的感傷，這時方才明白。我不理會「誰言寸草心，報得三春暉」的浮言，只希望媽媽您能再醒醒，即使一下下也好！「所有的山的頂端／沉靜了／所有的樹的梢頭／都不見／些許的風影／小鳥在林裡無聲無息／等等，不久／你也將安靜了」（歌德漫遊者的夜歌），雖然人人都說生命短暫，但在此刻我卻覺得好長、好長……

一三、火炎山

位於苗栗三義境內的火炎山，說高不高，但因地形特殊，沙石隨時崩落，所以區區六百公尺，除了可以享受郊山休閒的樂趣之外，還能體會一下親眼目睹的驚險。這種驚險不會馬上發生，卻足以令人屏息；這種景致雖然悚動，卻讓人捨不得挪開腳步。我在「接近危險」的告示牌前，一寸一寸向前逼進；在一寸一寸向前逼進的懸崖邊沿，一再一再的提醒自己。於是理性與感性擺開陣勢，企想與動作彼此抗衡，至於好奇的雙眼，則緊緊凝視悲壯雄偉的大崩壁。

自山頂塌陷的大崩壁，除了幾近赤赭的紅色，和熾熱得如在燃燒的火焰外，沒有任何色澤。呆立於恍如正在燃燒的山頭，原本樹木應有的蒼鬱，此時只剩奄然一氣；而長得並不翠綠的葉子，已被烘烤而成隱隱的紅。陽光，有如溺愛子女的父親，儘管已經給的夠多了，仍感不足，而加溫且加量的普照大地。這裡只有酷暑難耐的夏，至於怡人的春、恬淡的秋和清冷的冬，則在上煎下炙的崩壁之前裹足。

大崩壁好像被風輕輕飄灑，一層一層往上鋪疊，質地細緻柔美的沙，如同被浪沖刷、被水濯洗一般，純淨、純粹得毫無雜質。有原有丘的沙漠，在它面前只能自慚形穢，因為它還有巍峨壯麗的陡峭。隨著陽光幻化異彩的巨岩雖然可喜，但熊熊欲燃、沙上彷彿參差競起的火焰，隨時都在閃動似的，循著視野的邊線一路燒去，更是好看。總是鮮翠碧綠的山林草木，如今已被取代，而與認知相忤的景象，則在眼前不斷開展。

如果把沙比擬成水，大崩壁比匯聚五大湖巨量的湖水，驟然崩墜而成聖羅倫斯河的尼加拉大瀑布還要洶湧，還要澎湃，還要攝人魂魄；如果將山替換成谷，大崩壁比橫亙亞利桑那州，高踞危巖而又縱切深壑的美國大峽谷，還要驚心，還要驚懼，還要使人不由自主。萬壑爭流的水雖然震撼，但靜止不動、卻彷彿瞬息都在位移的大崩壁，除了北極融冰時，冰山整座整座的塌，冰洋整片整片的裂之外，似乎難以尋得更好的形容！

在山林裡，可以大口大口的吸，使肺部填滿溼潤的芬多精；可以放鬆、甚至放縱自己，把已被緊扭的神經全部舒展；可以細心且細膩的分辨，從山林野地的植物，發現些許原生的喜悅；更可以靜下心來，傾聽萬籟俱寧的寂靜。寂靜，在這個到處充滿聲音的世界，只能於山林的深處感覺。火炎山雖然鄰近高速公路，卻因不利居住而遠隔人群，所以擁有近乎奢侈的寂靜。走在狹窄的山脊，耳根不但清淨，連一向不受約束的思緒，也在赤赭的大崩壁前蜷伏！

不是無垠無涯，而是碩大無朋；碩大無朋的崩壁，有界有限，但待定睛一看，愈看愈闊，界限竟在視野之外無限的延伸。偶而盤旋天上的老鷹，是靜的；費力穿過林間的微風，是靜的；走在碎葉上的聲音，也是靜的。猶如地球黑洞的大崩壁，不管是聲、是形，還是人的視野，已被寂寂的靜盡數吸納；這種了無生意的死寂，才是真正的寂靜！只是震懾，沒有恐懼；默默望著紅得發赤的崩壁，剛才又攀又爬的辛苦，早已忘了。

人們總是嫌生活過於單調，生命不夠充實，於是晴朗的天，如果沒有一、兩朵白雲飄浮，就不能烘托它的靛藍；坦蕩的海，如果不起幾許波濤，就覺得貧乏無趣；翠綠的樹，如果不是長在高山之上，就無法顯出它的挺拔；很少有人能夠靜下心來，品嚐一刻寂靜的單純。大崩壁寂靜得使人得以看透自己，單純得只剩下初始的心靈；我喜歡這一分莫名的簡單，簡單得使自己能和自然、和大地款款的對語。滄海桑田，萬物有變有化，何況隨時崩陷的火炎山，還能維持多久，怎能不仔細端詳呢？站在腳下已被掏空的山崖上，感動正如赤赭的紅沙，熊熊燃著！

一四、走過從前

每次身上所剩無幾時，只好前往金山街購買「不一樣」大饅頭；饅頭放在抽屜裡，餓了就撕一片，雖然不能解飢，但至少手上還有食物。隔夜饅頭硬了，沾水軟化之後，味道仍然甘美。三天只吃兩個饅頭，也許不可思議，但對當時窮得連零錢也找不到的人，卻是常有的事！

大學時候，中落的家庭不但無法給予任何幫忙，而且還得省吃儉用，偶而寄些節餘的錢回去。努力把書讀好，為的只是可以領到足供生活的獎學金；努力翻查各種報章資料，為的只是能夠到處申請。期待沒有落空，生活費就有著落了；如果有所閃失，只好忍耐。於是只要清寒證明、只看學期成績、只需撰寫論文、除了成績還得繳交論文的獎學金五花八門，全都申請，只希望大學能夠順利的畢業。

學校上課期間，我想好好讀書，所以把領到的獎學金，按月分配。可是人算不如天算，本來勉強夠用的獎學金，有時為了多買幾本折扣較低的書籍，馬上就有缺糧的危險了。同病相憐的同學知道這種情形，毫不為意的拿出僅有的食物，讓我分享整鍋無魚無肉的青菜蘿蔔，然後我們天真的把錢全部掏在桌上，一人拿了一半，彼此各謀生路去了。

已經領有薪水的學長，只要路過所住的宿舍，一定邀我大吃一頓，並給一些零用錢，然後搖著頭離去。愛莫能助的家人，不知道人在臺北如何生活，我也無法想像這些日子是怎麼過的？

三餐不繼不是書上的成語，青黃不接正是當時的寫照。一個饅頭只要三塊錢，但卻時常口袋空空；褲子一條只需三百元，往往一穿十幾年。看同學們呼朋引伴的宴會慶生，我只能獨自躲在房內，默默的幫人寫文章賺稿費；想到同學們花枝招展的奔赴舞會，我只求在寒假、暑假打零工，為下學期的生活做準備。每到夜晚肚子餓了，乾脆拿起書本埋頭苦讀，讀到忘了置身何處，讀到忘了晚飯沒吃，讀到累了、躺在床上不知不覺的睡著了。

曾替補習班按件計酬批改作文，一字一字仔細的改，一張一張用心的批，所賺雖然不多，但已經夠令人感動了。曾經左提整桶漿糊，右背一大袋廣告，前去各總站為每輛進站隨即離去的公車貼廣告；不管公車多麼擁擠，所站的地方一定寬敞，因為大家都嫌我髒。曾因久未進食，又受了一些風寒，虛弱的身體竟從椅上摔下來，不知暈了多久，剛好同學來訪的敲門聲，才逐漸恢復意識。我也曾在晚上從板橋走回師大，走在昏暗的華江橋上，四處迷茫，除了天上閃爍的幾許星光和河畔有時竄起的螢火外，沒有任何動靜。前不見行車，後不見來人，愈走愈長，愈走愈遠，整座華江橋好像橫跨在時空的兩端，沒有起點，也沒有盡頭。只因公車月票用完了，沒錢搭車，所以只好踽踽走在橋上「念天地之悠悠，獨愴然而淚下」。

過去的日子，雖然點滴都在心頭，平時很少回想；走過從前之後，雖然偶而也會感傷，但卻更為堅持。一篇文章還沒寫好，寧願放棄一場球賽；一首曲子還沒聽完，寧願漏接一通電話；一張名畫還沒看夠，寧願忍受一餐飢餓。睡得比月亮還晚、起得比太陽還早的人不多，我算一個。每天耗盡體力之後，才不情不願的上床休息；每晚一覺醒來，馬上起身看書。我的生活非常單純，沒有太多的道理好講，可是我卻覺得生命充滿了豐富的色彩。小憩十分鐘也許不多，卻是一個嶄新的早晨；入睡三、四個小時也許不長，卻是一個全新的生命。因為以前我很窮，所以不停的讀書；如今我怕窮，所以不斷的寫書！**（同學指陳中光兄、朋友指蔡榮祥兄。中國語文五一三期、二〇〇〇年三月）**

一五、走向從前

「因事公出，如有急事請撥電話……」

應許新德兄的盛情邀約，與謝聰海兄一行五人，驅車南庄一遊。南庄是個美麗的山城，因為群嶺環抱，繁華被阻在外，所以至今仍然保有一分純樸的美。即使假日如潮如流一波波湧現的觀光客，帶來一陣陣短暫的喧騰，但待太陽西斜，怕黑怕暗的都市人，又像一群群已被制約的鴿鳥，紛紛逃回自以為溫暖的鴿籠之內。南庄，再次擁有自己！

我們只在南庄老街逛了一圈，隨即逕自上山，直到路的盡頭—鹿場部落才停下來。打開車門，赫然發現警察分駐所的大門上，貼了這張饒富趣味的告示。是這裡的治安太好了，好到沒人看管也無所謂？還是這裡的警力不足，不足以應付龐雜的事務？我們沿著部落起伏的巷道，望著兩旁簡陋的房舍，來到大街之上尋答。

說它是大街，其實全長還不到一百公尺；星羅棋布、隨處散逸的房舍，有的已經沾染時代的氣息，有的仍然或多或少裝飾著鮮明的圖騰。大概是假日的關係吧！街角有個賣菜的婦人，賣自己所種的高麗菜。我以人總是會說自己的最好開她玩笑，不意遠在數十公尺外的原民，竟然心急的同聲為她辯駁；本來空蕩溼潤而略顯冷清的街道，頓時起了小小的沸騰。我們就在他們的辯駁聲裡，邊談蔬菜，邊聊生活，邊說當地的情形。泰雅族在這裡只有恬靜，只有和諧，只有歡樂，窮得只剩下錢的現代人，你能想像這個離城不遠、但一輩子也無從體驗的化外淨土嗎？

離開鹿場部落，一路沿著起伏的山勢，直向頗有名氣的向天湖出發。在潛意識裡，向天湖應該是個湖水清澈、綠意掩映，位處高山之上而人跡罕至的美境。可是一到此地，除了滿眼盡是枝葉交錯而成綠色隧道的油茶林外，其餘全部走樣！這一片茂密的油茶林，這一條曲折有致的綠色小徑，使人置身於熙攘的人群之中，卻有超然物外的孤獨；在喧囂充斥的市聲裡，還能保住清明的自己。我已漸幻滅的遐想，重新又有了幾許值得一遊的感覺。

根據賽夏族的傳說，從前有個精通五穀的矮人，來到此地教導不知如何耕種的原民，原民為了感謝他，於是把他奉為上賓。這位矮人雖然有恩於原民，但卻時常行為不檢的為所欲為。原民在忍無可忍之下，合力把他殺了。矮人死後，年年歉收，原民個個惶恐；經過長老們的會商，每年定期舉行祭典，祈求矮人不再為害他們。經過許夫人楊惠霖小姐生動的講解，所以對賽夏族的興趣頗為濃厚。我們一起踩在向天湖旁圓形的草地上，遙想以前只在電視前面才能看到的場景—矮靈祭。

隻身渡海移民來臺的先人，與平埔族人合組家庭，落地生根而成枝繁葉茂的我們，雖然時常自我標榜，但在體內分秒流動的血液裡，卻一直都有平埔族、甚至荷蘭人的血統。當大家以異樣的眼光看待原民時，是否想過自己也是原住民的一分子呢？雖然無法回到往昔再過原民的生活，卻應抱著緬懷的心理，從已被鈍化的心靈，轉過頭來看看已經走過的從前。想到這裡，信步朝著不遠處鱗次櫛比的攤商，走了過去。

從靈動而略帶期待的眼神裡，看到原民質樸而誠懇的個性；自眼前整齊陳列的物品中，得知當地實際耕植的情形。很想請教矮人到底教會了他們什麼？但我卻在為數不少的攤位前，發現文明刻已入侵的痕跡。我們時常要求原民必須保存原貌，不能進化，否則就無文化可言，可是我們是否曾經設身處地的為他們著想？在電腦、在網路、在世界蔚成一村的今天，還能如此悠然的生活，已經夠令人羨慕了；如能加入一些新知，改善一點便利，那就是人間的天堂了；只是每天只顧向前的時代，會輕易的答應嗎？

走出賽夏，回到現實，因從小就對希臘神話懷抱著憧憬，所以選了一家名為橄欖樹的咖啡店歇腳。這家許兄熟識的咖啡店，有天有地、有庭有院，從裡到外每一個角落、每一寸土地，都能瞧見店主三兄弟細膩的巧思。面對雅典娜結實累累的橄欖樹，享受一窗細雨紛飛的朦朧；今天就在一道又一道色彩繽紛的美食裡，結束緊湊的行腳。回程，希臘諸神與在地原民，同時自腦海中升起；我雙手握著方向盤，頓時不知駛向何方？

（中國語文七〇三期、二〇一六年一月）

一六、詩潮如湧

接到一家出版社的電話，將在教科書上選用我的新詩五首，突然靈機一動，既然這一類的新詩廣受歡迎，為何不把植物、動物、禽鳥三者，寫成一本專門的新詩集呢？這個念頭才剛閃過，洶湧的、澎湃的詩緒，直如排山倒海的巨浪，瞬間襲來！

有時一氣呵成，整首詩在腦中不假思索就完成了。有時先有意念產生，然後以此意念為主題，逐次加字加句；就像投入水中的小石子，最後漩成一潭美麗的漣漪。有時跳脫的思緒，深入典故堆存的地窖、走進神話古老的傳說，將從前、將想像、將膾炙人口的故事，不動聲色的在字句之間自然流轉。

向來不聽指令的頭腦，此時更放肆、更無羈的乘著思想的雙翼，振翅疾翔。一首才剛成形，還來不及把它寫在紙上，另一首又在腦中蠢動了。我潰堤的思緒，不但整個傾洩，而且如崩如墜，彷彿不受圈囿、隨意西東的洪流，到處氾濫。想踩剎車，結果車子衝得更快；想稍事休息，結果思緒益發噴薄。我在為腦所迫的情形之下，順勢而為，短短一個星期，總共完成新詩六十五首。

坐在桌前，只是為了謄寫腦中已經完成的詩稿。當我站起身來，思緒早已針對新的目標，展開毫不留情的獵捕；當筆才把牡丹寫好，菊花又在眼前盛綻，成行成叢金的、黃的秋色，逼我不得不彎下腰來，摭拾已經跌在地上的詩句。即使只是沖個臉、洗個手，詩句也像洗手臺上的自來水，不待思索的從腦海中，毫不遲疑的流了出來。

喜歡在早上醒來，靜靜享受彷彿新生的感覺；但很抱歉，一天之中唯一的悠閒也被剝奪了。我的眼睛還未睜開，詩早已前來叩門；等到爬起身來，詩作已經想好。喜歡在夜幕低垂的晚上，沿著公園熟悉的小徑，獨自散步。不知是誰多事？詩又群聚在我面前，有如七嘴八舌的精靈，一個一個搶著講話；在一首又一首詩作的騰湧之下，走完一圈回到家裡，詩的總數又暴增了。

在這一個星期，不管吃睡或每天必然的例行公事，一樣沒少，但紛繁的思緒也不曾閒著。我的頭有如北極業已甦醒的夏季，隱隱作熱，但不是血脈賁張的燙，而是使每個細胞都手舞足蹈的熱。我的心有如正在燃燒的爐火，全身興奮，但不是意欲一較短長或縱馬馳騁的衝動，而是對著秋天的大地、對著漁獲豐富的近海、對著鳥獸群聚的森林，正在採收、正在撈取、正在狩獵的狂喜。我像手持圓鍬的工人，只要稍微用點力氣，詩句就像黃金、就像鑽石，遍地都是；我是一名快樂的採礦人！

為了家人，這輩子都在寫書賺錢，但不安分的靈魂，時常逸出既定的軌道，偷得幾許不致影響工作的空白，振筆疾書，為每個月必須固定刊登的專欄，預存幾篇詩文。無法全力投入寫作，不能天天沐浴在詩文旖旎的柔波裡，我不遺憾，因為如流的詩緒、如浪的文思總是趁隙而出；而我，也已心滿意足！

（中國語文六八八期、二〇一四年十月）

一七、一個起點

民國七十年，在文史哲出版社陸續出版高中國文課文析評六冊之後，恰巧蘇樹宗兄須到黃錦鋐老師家聯絡班上的事情，於是我們一起前往。黃老師一開大門，蘇兄說明來意，我馬上恭敬的奉上預先準備的析評。黃老師翻了翻、看了看，停住好一會兒才問我：「你是怎麼想出來的？」

不管高中國文課文析評，還是後來擴寫而成的歷代古文析評，都以構想的文章析評方法為其主軸。這套析評方法的發現，只是偶然，只因為在閱讀詩詞時，盼於音韻格律之外，更進一層體會文中的意涵。於是試著打破章節，拆解字句，重新按照自己的方式組合，結果證明想法確實可行。

一般人對於文章的分析，通常都只能放—不斷的開展細分，而不能收—節有節的小結，段有段的收束，篇有篇的總收。想起在大學時期，王更生老師曾要求班上每一位同學，暑假期間必須背滿二十篇文章，待開學上課時，先交篇目，然後任其抽背。當時年輕氣盛的我，心想既然王老師專攻劉勰的文心雕龍，不如就背文心雕龍吧！當把整本書背完，我從五十篇文字裡，提煉出「首尾圓合」（即「首尾一體」）四個字，做為析評作品組織與結構的參考。因此決定以「首尾圓合」的概念為基調，從事詩文的分析與圖表的繪製。

文字簡短的詩詞，可以依此方法清楚的分析，如果擴至文章，是否也能一體適用呢？於是隨手拿起韓愈的師說試作分析，沒想到竟然完全成功，因此正式提出這一套文章析評的方法。假使運用得當，以這套析評方法分析時，作品將有如置於顯微鏡下，枝幹條理自然分明。但這套方法也有致命的缺點：凡是利用這套方法來析評，文章若有未能吻合「首尾圓合」之處，析者必須設法加以補實，否則分析出來的結果、或繪製而成的圖表，就不夠完好。所以乍看篇篇都是佳作的文章，其實並不盡然；析者如在文後未能加以說明或做深入的探討，讀者可能囿於析者的解說，而無法徹底而平正的鑑賞。儘管如此，這套析評方法在分析上、在教學上，的確好用！

其實出版這套書，並不順利；當我拿著原稿，興沖沖的跑到文史哲出版社，請求彭正雄先生出版時，彭先生的意願很高，但因王更生老師很不以為然，認為這些東西只能當做自己教學的資材，不具出版價值，而且本書也沒有資格和他們這些師大教授的書籍並列。當下有些沮喪，也有一些不甘，於是將原稿原封不動的搬到周何老師面前，請求老師指教。周老師看完之後說：「當然值得出版！但有沒有想過：你不應只為古人做事，你也有能力為自己做事啊！」當時似懂非懂，一時只能愣愣的說：「老師的意思，我好像知道。」我把周老師的意見，一五一十的告訴彭先生，彭先生當下桌子一拍，說：「出了！」我在欣喜感動之餘，鄭重的對彭先生說：「為了報答您的知遇之恩，日後凡在文史哲出版的書籍，一律不拿稿費！」

高中國文課文析評出版之後，一時蔚為風潮：民國七十三年十二月，林明乙先生發表在中國語文第三三〇期的正氣歌並序析評一文，直接採用我的結構分析闡述。民國七十五年五月，建中楊永英老師於國文天地第十一期，撰寫高中國文課文析評讀後一文，勉勵有加。為了讓更多的老師們瞭解，我以教學示例－顧炎武廉恥為題，將這一套析評方法刊在國文天地第五期上。從此師大國文系三、四年級的國文教材教法及教學實習，開始採用這個方法；師大的學生商店，陳列代售這套書籍；全國高中的老師同仁們，幾乎人手一套做為教學參考之用；甚至教科書開放之始，教育部還明訂各出版社編寫高中國文教材時，必須每課附上文章分析圖表。

以文章析評為主的高中國文課文析評，甫一出版，即得臺灣省教育廳、臺北市教育局的著作補助，並榮獲教育部的研究著作獎。修辭學權威、師大黃慶萱老師，致電蔡宗陽老師，希望能夠認識我。我懷著虔謹的心情登門拜訪，從此黃老師把我視為晚輩，不但教我、導我，而且一再叮嚀，一再囑請杜忠誥兄轉達，務必繼續升學，直至拿到博士學位為止。我因自家、老家的家計難挑，因不屑學界師承的風氣而忍痛作罷。時任孔孟月刊總編輯的政大董金裕老師，也因文史哲彭先生的推薦，要我執筆孔孟月刊的教學專欄，我以文論為主按月發表，結果一寫就是二十八年。如今回想起來，兩位大師的風範，的確高崇！因為析評一法，因為析評一書，美好的人生就此展開！

如今，人人都在援用，也都能夠自由化用的這套文章析評方法，早已普及流行得不足為奇了。但因這套方法而承蒙彭正雄先生、周何老師、董金裕老師、黃慶萱老師的栽培與肯定，則始終在我的心裡細說從頭！

（中國語文六五五期、二〇一三年一月）

一八、一個句點

民國七十年，文史哲出版社的負責人彭正雄先生，為我出版高中國文課文析評六冊，並以此書與強者的塑造，向時任孔孟月刊總編輯的政大教授董金裕博士推薦。

彭先生約我在孔孟學會，一起前去拜訪董老師，董老師與我素昧平生，但一看到我二話不說，馬上要我執筆孔孟月刊「教學園地」專欄。民國七十三年，雖然已經從教多年，卻是一個不折不扣的無名小卒。接受老師這個指示，一則以喜，心想可以藉此好好的把自己想寫的東西，逐月逐篇發表出來。一則以憂，擔心本身並無任何學術經驗，一下子要在素負盛名的孔孟月刊上，與諸位先進一起列名，當下惶恐的心情，不言可喻。我懷著既緊張又興奮的心情，一篇一篇的寫，一期一期的刊，待一回頭，二十八年已經過去了。

在高中國文課文析評一書，雖然首先提出一套兼具圖表的文章析評方法，而廣被採行，但此方法只是文章分析的工具，不是學術；只是深入教學的技巧，不能視為研究。於是突然想起，當初因師大某位王姓教授堅持異議，不讓彭先生出版這套書時，曾經拿著手稿向周何老師請教，周老師看完之後說：「你不應只為古人做事，你也有能力為自己做事啊！」當時似懂非懂，如今一想，原來周老師的意思是不應只分析別人的文章，我也有能力撰寫屬於自己的理論。於是以自己的理論為主，以古今的文章為例，逐篇提出自己的看法，並逐漸建構自己的文學理論。

寫作的方向和想寫的內容決定之後，馬上面對如何命名的問題。因為既然是專欄，既然單由一個人來執筆，如果命名的方式篇篇不同，不但顯得零亂，而且一定無法持續太久。於是將本來應作「論筆法—以韓愈祭十二郎文為例」的第一篇文章，直接改為「韓愈祭十二郎文筆法論」。作者加篇名加論，自二六六期至四三八期，成為每篇文章固定的篇名，直到興趣轉向新詩理論，篇名才隨之而變。

二十八年來，從文章理論寫到新詩理論，文辭從整齊工巧轉變而成清暢平易；有時援引古文而兼取近人的文章，有時則將歐美的詩文一併採入。我自既有文論的基礎上，咀嚼西洋的美學，探求藝術的原理，更進一步提出自己的看法。有好幾次因工作太忙，忙得幾乎無暇顧及而差點放棄，但最後還是咬緊牙根，利用僅有的一點空白交卷了，因為這是我與學術兩相繫連唯一的臍帶！每隔一段期間，則將部分相關的文章集結成冊，竟能多次獲得教育部的研究著作獎，於是我寫得更有信心，寫得更有自己的影子了。

孔孟月刊歷經董金裕老師、蔡宗陽老師到如今主其事的李鍌老師，始終對我信賴有加，不但任我隨意發揮，而且一、二十年來，未曾更動隻字片語。今年已五十有八的我，再把興趣轉向新詩寫作，我希望讓更年輕、更有才學的人來接棒，所以我謹在此，正式畫下句點。此刻的心情，除了感謝之外，還是感謝，感謝彭正雄先生的栽培、董金裕老師的提攜、周何老師的啟發、蔡宗陽老師的擡愛、李鍌老師的肯定，以及黃慶萱老師默默的關心、時時的督促、諄諄的勵勉！

希望我是一顆穿越各大星系的彗星，乍看多變，其實它有自己的軌道；好像出沒無常，卻也頻頻現身；只要能寫，一定繼續。因為沒有師承期許的壓力，不受門派莫名的約束，所以想寫什麼就寫什麼，一切均能隨心所欲。從不敢說自己能有什麼貢獻，但至少我一直在寫！

（孔孟月刊五九二期、二〇一一年十二月）

一九、作文教學

應時任社長的詩人梅新先生之邀，參加國文天地第二期所舉辦的座談；會中梅先生要我一邊說明、一邊作文，示範課堂上的作文教學。我將首段分為正說、反說、複述、結論四小節，然後以在場老師所命的題目「完美」為題，隨口講解正說：「凡事力求完美，一如藝術品追求無懈可擊，達到真善美的境界；做人一定要圓融，因為圓融才能促進人際之間的和諧。」反說：「藝術品有了瑕疵，可能影響到整件藝術品的價值；人格有了缺陷以後，其地位也很難再加以挽回。」複述：「也許世界上沒有十全十美，可是我們卻應該追求完美；因為只有完美，才能闡揚人性的光輝，讓人群更為和諧。」結論：「所以不管我們才力如何，只要生而為人，都應朝這理想奔進；也許我們無法達到目的，但至少一直向著目的前進，而使我們的生活更有意義。」梅先生聽了，很高興的說：「不錯，很精彩！可見文章寫作也有脈絡可循。」這已經是二十八年前的往事了，但它卻是我一生作文教學的堅持！

先講作法，做為寫作練習的依據；作法提出之後，請同學們當場命個題目，然後我以作法為主，以同學所命的題目在講臺上邊作文邊講解，即席唸出一段或一篇文章來。

我能以自己提出來的作法寫成文章，表示此一作法確實可行；能在講臺上即席作文，同學們拿起筆來，應該也能在紙上完成吧！同學們如有自己的想法，就用自己的方式寫作；如果沒有，至少還有這個方法可以依循。作法講解之後，如果同學們面有難為之色，而遲遲無法下筆，此時就將作法分得更細膩，講得更具體，把同學們本來不著邊際或無從開啟的思緒，引入一定的範圍或固定的渠道之中思考；使同學們在大範圍中無法思考的窘態，得以在小渠道中立刻解除。這是我在課堂上的作文教學；這方法不但可以教得實實在在，教得心安理得；同學們也能學得踏踏實實，學得心悅誠服。即使面對數百人或千人以上的演講，我仍然以此方法縱橫全場！

只由個人苦思冥想的作文課，久而久之，也許會使同學們失去寫作的興趣，因此偶而也會採取共同參與的方式教學。先由同學們命題，做為全班共同的題目，然後以「句」為單位，一句一句寫在黑板之上，要求大家一起思考。同學們可以自由發言，自行接續；如果同學們接續不了，再由老師幫忙填上。於是以「山」為題的作文：由「山，讓平凡無奇的地球表面，多了不少趣味」，而「使無數才華橫溢的騷人，寫下永世不朽的詩篇」，而「連結在時間流轉之中，令人遺忘的記憶」，而「提供萬物歇息的場所」，而「並絕緣了無盡的殺戮」，而寫成一段完整的文字。課堂結束之後，再由同學們另寫一題，做為練習。因為逐句填上，所以文章發展的脈絡清晰可感，不但可以藉此訓練同學們的邏輯思考，而且還能寫出較具結構的作品來。

引導教學，雖然不是亦步亦趨、照單全盤接收；但因有所引導，所以自然形成另一種有形的限制。如想打開同學們的頭腦，使思想的翅膀得以自由飛翔，打破既有的規則，讓文章寫出屬於自己的內容，則非提出令人耳目一新、甚至悚然而驚的作法不可。於是我以「因為、唯有、事實上、為什麼」一組語詞，做為強迫思考、自然接續的作文方法。在同學們行文中斷、不知如何接續下去時，只消把這一小節寫完，畫上句點，然後大膽寫上「因為」二字，自然能將上面的文字，化成申論題，輕易的把下文寫出來。大膽寫上「唯有」二字，自然能將上文諸多的敍議加以歸納，輕易的提出一己的看法。大膽寫上「事實上」三字，自然能將上文抽象的敍議，拉回具體的現實，輕易的抒發自己的感受。大膽寫上「為什麼」三字，自然能將自己為何如此敍議的原因，整個鋪陳出來，而輕易的完成該段文字。此法先由同學們隨意擷取四小節文字，我各自接續而成四個段落之後，才讓同學們動筆練習。強迫思考之下，同學們得以反思、得以馳騁、得以使思想開疆闢土，誰說這不是一個絕妙的方法？

作文是說話、是寫作、是反應的訓練，是思考、是素養、是能力的表達，所以只在課堂上寫作，無法把作品寫好；唯有突破既有的模式，多向的嘗試，才能激出收發自如的泉源。於是帶領全班同學，前去大屯山自然公園，置身青山綠水、遍地如茵的原野裡，每人各寫五十個讚美的語句。我率先提出造句式的排比方法，建議同學們在等車、在走路、在下課零碎的時間裡，隨手選取一個語詞，放在一、三兩句固定的位置上，然後設法造出四句一節的文字。（如：「多少」荒唐的歲月，輕輕的伴著緩慢的成長而消失了；「多少」可貴的時光，匆匆的隨著玩愒的嬉笑而流逝了。）我更打破一般作文的慣例，要求同學們在相同的題目上，每段都只能從正面或反面來寫；有時以記敘、抒情、議論各寫一段，有時以二百、四百、六百字各寫一篇題目相同的文章，盼能去除同學們惰性的思考習慣，而將思想的觸角，極度伸展出去！

作文課，是我和同學們共同參與的時間，是師生之間距離最近的時候。作文教學，可以引導、可以觸發，可以一起討論、一起思考。從同學們的作品中，調整作文教學的方式；自作文實際的教學裡，得知作文更新的作法；我曾經指導同學過關斬將，一路贏得全國作文的首獎，而獲得教育部頒獎嘉勉。同學們是學習者，同時也是作文訓練的實證者；在我們班上的作文課裡，發言始終踴躍，而且笑聲從未間斷。直到今天，只要有人向我請教，我的耳際依稀響起同學們在作文課裡歡樂的笑聲！

（中國語文六七七期、二〇一三年十一月）

二〇、輔導教學

我們一行六人依序坐定，華江高中已將全校國文老師在教學上碰到的問題，匯整而成B四的紙兩張，擺在桌上，要求回答。我隨手拿起紙張，站起身來，以興奮而又緊張的心情，逐題講解，一口氣講完之後坐了下來，過了數秒，全場響起如雷的掌聲，這是我擔任輔導網教師的初體驗。

根據教育部的規定，全國計分臺北市、高雄市及其他縣市三區，三區各自挑選各科優秀的教師五至六名，組成訪視區內各校的輔導網。臺北市國文科教學輔導網的六名輔導教師，有電腦教學、有吟唱教學、有作文教學、有課外閱讀教學，各依專長，各有所司。至於我，則負責課堂教學、新詩教學及所有疑難雜症的回答與說明。

想當一位好老師，必須在課前充分的準備，課堂詳細的解說，並以課文為基點向外旁涉，凡與本課有關的知識，一併納入教學之中，才能盡到老師的責任。因此趁訪視之便，大力行銷字字精解、句句詳譯、語語剖析的教法。我舉進度上的課文為例，當場示範；文言講完之後，又以語體為例，一一解說。我自信教法深得同學之心；如果我對國文教學不能有什麼突破，至少也該當個獻曝的野人，為臺北市的國文教學，加進一點溫度；因為輔導網對我來說，就是分享！

能說為寫，是國文教學最直接的目的；但在國文各項教學之中，就數作文教學最籠統。遇到作文課時，通常命個題目就算了事；即使有所提示，也是幾語帶過，同學們很難得到具體的引導。既然有機會成為輔導教師，就得設法改變這種相沿成習的風氣。於是試著將電影拍攝的手法：記錄片、經驗片、生態片、文學片、幻想片用在寫作之上，提出一套寫作的方法。並以提出問題、製造問題、留下問題、強化問題，把「設問」修辭擴大為寫作的技巧，希望老師們能在乍聞新鮮之下，有所體會，有所創思。我更大膽的宣佈：不管老師或同學，如在寫作或教學上遇到疑難，我都願意接受諮詢；因為輔導網對我來說，就是挑戰！

國文老師將大半的時間投在古文之上，較少張開眼睛來看看外面的世界；由於所學、所習、所接觸的都是古文，久而久之，古人的想法就是我的想法，古人的標準就是我的標準；生在文明的現代，想法、做法卻仍然停在二千五百年前的春秋。於是在訪視學校時，偶而也會故意拋出話題，將孔子因管仲後來輔佐齊桓公有功，而認為曾經叛主投敵的管仲，可以不顧大義－不必為糾殉死的雙重標準，攤在眼前；將諸葛亮因後主未能完全信任而寫出師表、李密為保全名節而寫陳情表、韓愈未能生前照顧姪子而寫祭十二郎文的三大抒情絕作，撕去偽裝，直探心靈，期能打破歷來人云亦云、先入為主的觀念，期能引起深度而全面的思考，並提出屬於自己的價值判斷；因為輔導網對我來說，就是激盪！

由於大同高中是下一個計畫訪視的學校，該校教務主任吳麗卿老師，曾作澎湖才有的天人菊新詩五首，同屬輔導網的洪澤南老師，要求代為分析。我想與其一首一首分析，不如用一個主題加以串聯。我將詩作仔細檢視之後，即以「新詩轉換的寫法」邊講理論，邊提詩證，結果贏得相當的好評。這次成功的嘗試，使我一腳踩進新詩理論的領域之中，興趣盎然。即使後來在開平中學，校長一時興起，拿出該校的比賽詩作要我講評，我也可以即時修改，即席講解，一點也不緊張，因為輔導網對我來說，就是觸發！

輔導網每學期訪視三至四所學校，訪視的學校數雖然不多，但身兼輔導網的工作，卻使活躍的思緒大為迸發。我曾一邊開車，一邊想著等一下該講些什麼？想著、想著，突然想到有一次梅娜自遠處走過來的情景。靈機一動，就以「她」為題，寫了一首新詩：

她像一朵開在行人眼上的花／緩緩走出雅典古城、羅馬古道、史特林古堡的優雅／驚起一路遐想

心如葉子忘情的掉在她的身上／擷取一點美麗／把腦中的記憶凍結／雀躍的單獨的留在夢裡

一到學校，即以這首詩為例，將腦中思考創作的過程，整個完整呈現，大談新詩寫

作的手法。結果一個多小時的演講，不但流暢，而且精彩。走出延平中學，滿心愉悅；因為輔導網對我來說，就是遊戲！

記得有位總理出訪墨西哥時，信口雌黃對著早被清國割讓日本、如今並不隸屬的臺灣，高吟余光中的鄉愁四韻，假借莫虛有的鄉愁，對臺統戰。看了這一則新聞，很不齒、也很不以為然，於是隨手寫下阿拉斯加一詩，加以諷刺：

帝俄的弓射入太平洋的箭／太遠／又被冰雪封住／無法納入袋中／七百二十萬美元／尼古拉二世把國界畫出白令海峽／暗自竊喜

將箭拔起／星條為籬／如湧泉如奔瀑如浪濤／循著油管／地心熔爐的火／點亮整個天空／一西一東／與自由女神一起光耀美國／一北一南／與夏威夷連成一道防線／阻絕普羅米修斯前來盜取／一百五十二萬平方公里／亞美利堅旗上一顆閃亮的最大的星

每天晚上／俄羅斯人望著東邊的海／一縷鄉愁／油然而生

這個人又不是臺灣人，對臺灣會有什麼鄉愁？他所謂的鄉愁，正如野狼垂涎無法到口的獵物一般，只是企圖吞併臺灣的丑態罷了。其對臺灣的覬覦和俄羅斯對阿拉斯加的悔恨，有什麼兩樣呢？我在該次訪視，就以這一首詩、這一個事件為主題，足足講了一個小時，在老師們從不吝惜的掌聲中，我很感動；因為輔導網對我來說，就是共鳴！

先由輔導教師報告，然後任憑各校老師提出問題，這是輔導網訪視的行程。每一次輔導網訪視學校，都得面對該校全體老師；每到一個學校，或多或少都有等待回答的問題。只要是問題，不管大小，都是我的工作，我一律採取即問即答的方式，給老師們最具體、最明確的答案。老師們聽了，如果還有疑問，可以再問，直到滿意為止；十二年來，固定第一個報告，而且從來不曾被人問倒。其他各區、各科都聘有教授隨行指導，唯獨我們臺北市國文科，從來不需要什麼教授前來指指點點；因為輔導網對我來說，就是成長！

本來只在象牙塔內教書、寫書，因為參加輔導網而得以走入十字街頭，體會高中教學的生態，並結識各校的朋友。如今回想起來，當時一個不很情願的決定，原來正確無誤！

（中國語文六七五期、二〇一三年九月）

二一、校外教學

乍暖還寒、陰晴不定的春天，難得能有天朗氣清、陽光普照的時候。下課的鐘聲響起，我興致一來，隨口宣佈：「下午帶你們到外雙溪的山上看夕陽，四點半準時在校門口集合，想去的同學，一定要打電話向父母徵詢。」

時間一到，同學們懷著既興奮又狐疑的心情，不知道導師葫蘆裡頭賣的是什麼藥。因為全班到齊，人數不少，我們沒有選擇，只能搭乘公車。公車沿著蜿蜒的山路爬行，路旁配合山勢修建的公寓，時而擋住覬覦外窺的眼睛，時而大方露出如浪如濤的綠意。到了山頂，住家都在腳下，綿延無際的小樹林，將起伏的山頭鋪成一片柔軟的絨毯。夕陽已經西斜，朵朵白雲鑲著金邊，像火燃著即將融化的雪；雪未見減少，光卻逐漸暈開。再次西斜的夕陽，把光投在白雲之上，皎潔的雲由金變黃，黃裡透著鮮亮的紅彩，一朵朵靜靜的貼在天上展示。最後，肆無忌憚的灰，由山下迅速竄起，遮去剛才煥發異彩的天空，只留下大地悵然的迷濛。我要求同學們回家之後，將夕陽細微的變化，依次條列。

文學或藝術的本質，就是遊戲；大家都在遊戲，為何只有少數人能夠成為所謂的「家」呢？原來遊戲只是開始，由遊戲而進入興趣，而投身其中，才能結出令人稱羨的果實，西班牙建築大師高第先生，就是一個最好的例子。我徵求願意接受新知、願意一睹風采的同學，一起前往參觀。

班上同學經我一說，大都來了。我在南海路上的國立歷史博物館前，把票買好，一起進場。事前已經吩咐同學查閱資料，已將準備的功課做好；為了不讓同學們只看、看得走馬賞花；只聽，聽得一知半解，我們婉謝導覽小姐的好意，自己摸索。同學們在展點之前，想看多久就看多久，如果光看還嫌不足，可以彼此低聲討論。不管人群如潮如湧、一波波向我們推擠而來，我們有如長在近海的水草，隨著人群浮蕩，就是不走，就是想看個夠。走出館外，同學們一個一個坐在石階上，希望法外開恩；但我還是要求他們隨意挑選三個展品，各寫一段心得。

臺北四面環山，山上各有不同的景致。如果住在臺北只知工作而不懂得玩耍，就是暴殄天物；只往人多的地方而不能靜下心來欣賞，就是抹煞性靈；只在住家附近遛達而不想來個尋幽訪勝，就是不會生活。自從與大屯山自然公園邂逅之後，有事沒事就帶著家小一起郊遊。因喜歡這個地方，我問同學們是否去過？結果同學們希望能以作文之名，藉機一遊！

恬靜、自然的公園，除了偶而傳來幾句鳥語之外，整天沒有多餘的聲音；湖裡悠游的魚群，即使好奇的探出頭來，仍然小心謹慎，唯恐驚起太多的漣漪。我們全班走在整齊潔淨的棧道上，環湖一周，盡情享受美好的風情；然後踩著嵌在地面的石板，與山相親，恣意擷取自然的靈氣。我請同學們放鬆心情，隨意坐著、躺著、臥著，皆無不可。既然是校外教學，就得認真的上課，只是這一次的課本不是書，而是一個歐式的美麗公園。我要求同學們用皮膚、用耳朵、用眼睛仔細的體會之後，將公園的美化成詩意的文字，每人各寫五十個讚美的語句。

從小我就喜歡畫畫，長大之後，只要看到印有西洋畫作的卡片，總是情不自禁的掏出錢來。不能成為畫家，至少也該做個懂得欣賞的人；於是看畫展成為最廉價、也最期盼的事情。剛好故宮博物院舉辦十六至十九世紀、法國羅浮宮珍藏的名畫特展，於是和同學們講好，相約須從諸多的名畫裡，各自挑選自己的最愛，並且具體說出喜愛的理由。

想瞭解西方的繪畫，就得先看希臘的神話和羅馬的歷史；想進入繪畫的世界，就得翻查聖經的故事和各地的傳說。這個星期我們很忙，忙著找書，忙著看書，忙著請教。因為一週的時間實在太短，同時也按捺不住名畫在前的誘惑，因此靈機一動，先到展館購買圖文並茂、幅幅都有解說的導覽七本，每排一本，輪流閱讀。週六下午，我們頂著炙熱的太陽，走進名畫多彩的世界，直探畫家豐盛的心靈；我們一面欣賞，一面回想；如果想不起來，沒關係，還有隨身攜帶的七本導覽。我們貪婪的眼睛從頭到尾，不曾離開畫作；直到閉館的時間已到，大家才心不甘、情不願的走出來。結果，我最喜歡柯賀的「靜泉之憶」。

建中的學生在學校、在補習，夜以繼日，實在辛苦。於是我以十分瀑布的源頭為目的地，答應帶隊一遊。

一般人只知道有十分瀑布，卻不曉得這個瀑布之上，還有另外三個更為自然的瀑布；一般人只讚嘆瀑布傾洩而下的澎湃，卻不明白瀑布上方險峻的斷崖，才能叫人驚心動魄。全班搭乘小火車到三貂嶺站下車後，沿著鐵道步行；不久，即從樹林的缺口切入。浩浩蕩蕩一行數十人，兩人一組相互照應；有時走在枝條低垂的小徑，有時就得攀著樹根，半扶半爬的迤邐而上。瀑布之上必有斷崖，斷崖漫泛的水流不斷向下崩墜；向下崩墜的水流，時常引起賞瀑人陣陣的驚呼。我們站在斷崖之上有些不屑，也有些得意：「不畏浮雲遮望眼，自緣身在最高層」的豪情，一時噴薄而出。同學們這才相信，老師的話聽起來有些誇張，但卻句句真實！回到三貂嶺站，我問同學們好不好玩，大家高聲喊道：「還想再來！」

大學剛畢業時，有大公司想重用我，我拒絕；在宴席上，有大企業想投資我，我拒絕；在建中時，有大人想栽培我，我也拒絕了。我的心願很小，只想當個教書的老師，一輩子平凡得從容自在，平凡得無掛無礙；直到現在，依然沒變！

（中國語文六七九期、二〇一四年一月）

二二、花蓮漫遊

晨起，天還未亮，我們踩著青春穿破薄霧，一起騎腳踏車遛達。冷得恰好的寒意，伴著微風逸入衣領，把可能散漫的精神悉數凝聚；而山，就在觸手可及的右側，即使只以眼睛的餘光隨意一瞥，也能悸動已經習慣的痲木。不是小路，而是不染俗慮的祕徑；不是勝地，卻有乘風展翅的快感。路，無限延伸；無限延伸的路，就在已經放下、放空的踏板上，一腳一腳踩出只有身歷其境才能體會的感動。

佔地遼闊的東華大學，有如一座花蓮的伊甸園，不管用餐之後當做運動的散步，還是工作之餘隨興的到此一遊，都能得到最大的滿足。東華大學的大，大得能使設計者隨心所欲、奢侈揮霍；於是散在各個角落的房舍，彼此疏朗得可以自由的呼吸；而於此中走動的人們，積鬱已在寬敞的空間裡，獲得完全自主的舒展。東華大學的雅，雅得株株成行的樹木，招引遠山白雲，鎮日飄來不竭的詩意；即使橫越校園的小溪流，也於晴天綠地的掩映之下，邀人入畫。我們在風與草如音如樂的呢喃裡，走出喧擾的從前。

提及花蓮，人們馬上會想到鯉魚潭，我們也未能免俗。鯉魚潭在群山環抱、林木成蔭的呵護下，有如一輪跌落地上的明月。潭水清澈，不起漣漪，已經不再年輕的我，突然想起臨水自鑑而顧影自憐的納西瑟斯，情不自禁的也向潭邊走了幾步。冬天，鯉魚潭的美不在水，而在山上的樹；一束束、一叢叢經秋入冬的落羽松，正將身上多變的虹彩暈開，渲染而成如煙如霧的迷離。可惜水面的遊艇太多，使人總是在沉醉與現實之間，不斷的來回。

相傳曾有七座深潭，太陽每天為它們掀去霧樣的頭紗，月光則於它們明亮的眸子之間徘徊。走在七星潭邊，一弧飽藏美景的彎，張力十足的依次呈現；我的眼緩緩的挪移，我的心隱隱的顫抖；一景一個風情，景景都值得攝入腦際，留待日後細細的反芻。七星潭說它是潭，其實是海；說它是景，其實是夢；我們於海邊的餐廳用餐，在岸上的高地眺望，盡情撈取上天已經遺忘的美感；我們愈走愈近，直到白色的浪花濺溼褲管，才猛然驚覺兩腳已經浸在海水之中了。

東走走，西逛逛；東看看，西瞧瞧；光是周遭的景物，就已經美不勝收了。如果還嫌不足，那就往北來趟太魯閣之旅。車子駛在峻險層出的公路上，兩旁瞬息萬變的山水，忽忽的映入眼簾，又匆匆的急閃而去；不等思想的羽翼碰觸，它們已被新的景物取代了。削壁千仞的山剛走，擎天而立的崖馬上橫在眼前，單單一句鬼斧神工，怎能道盡個中的瑰奇？尤其始終相伴相偕的立霧溪，不棄不離，為了親睹這些遠來的貴客，有時踮起腳尖，有時騰空而躍，沿途蕩起一波勝似一波的洶湧；難怪外國的旅者一下飛機，一定指名太魯閣！

接受太魯閣雄偉的震撼之後，不妨安排一程美麗的尋訪。臨來花蓮時，小翔一再叮嚀務必前往臺十一線，站上芭崎瞭望臺遠眺。生性桀傲不馴的海水，翻騰大半個太平洋之後，卻在這個迷人的海灣裡，忘情的嬉戲起來。我們就在山與海、海與天渾然而成一體的美景裡，「用心行走／眼睛／早已醉了」。回程，在遠雄悅來飯店歇腳，喝了一杯咖啡沉澱自己，下午已被美景眩惑的心靈，才逐漸甦醒過來。

花蓮的中心在壽豐，壽豐鄉的中心在志學，而 Banana 就在臨近中正路的志學村志光街上。以 Banana 為基點向外輻射，花蓮所有景點，都能迅速且從容的抵達。鬧中取靜、靜得使人忘卻營營的 Banana，沒有炫人的富麗，卻有靜定的幽雅；沒有習見的花俏，卻有藍天白雲常來打卡，有如法人在各個優美的海灘創辦的 Club Med（休閒渡假中心），所以我把 Banana 稱為花蓮的 Club Med。因去月廬用餐巧遇周正忠老師及其夫人周錫華小姐，在兩人盛情的邀約及殷勤的嚮導之下，我們決定下榻他們開設的民宿 Banana，展開為期三天兩夜的奇幻旅遊。白天，悠然的走，隨意的逛，即興的跑，絕不剩下一絲還能再玩的體力；晚上回到 Banana，享受周夫人親手烹調的晚餐，並自茗茶、咖啡的芬芳裡，畫下一個遊興未減、不願終止的逗點，留供明天待續。我們每天就在花蓮偷窺才剛睜眼的清晨，並遠眺一覽無遺的黃昏，渡過應該會終身難忘的假期！

美女，不必與人爭奇鬥豔；富有，不要對人粗裡粗氣；而悠閒，不用隨時掛在嘴邊，必須身體力行。在花蓮，可以上溯白鮑溪，撿拾如玉如翠的石頭；可以縱身秀姑巒溪中，迎風破浪粗獷的泛舟。如果還有興致，可以遠赴石梯坪，探尋溪流的源頭，並站在花蓮大橋上，觀賞木瓜溪與花蓮溪匯流時，如雁「人」字飛行的無垠；最後才去人工修築的雲山水，欣賞頑皮的芭崎、夢幻的七星潭之外的第三個美麗的灣。以往在別的地方，老是覺得人們喜歡誇大其辭，明明只是這麼一點小景，卻硬要說成人間仙境；來到花蓮，方才知道什麼叫做名不虛傳。我不想說已經愛上了花蓮，但至少我還會再來，而且一再的來！

（中國語文六九二期、二〇一五年二月）

二三、合歡山上（合歡東峰）

在合歡山東峰峰頂的三角點前，狀似悠閒、其實興奮的踱著步；從前只能在書上閱讀、只能自朋友或影音得知的合歡山，如今卻在腳下迤邐。曾經夢想在合歡山上舉杯，在濁水溪的源頭啜飲，一旦爬上這裡，反而整個靜定。即使登頂時，很想意氣風發的放聲大喊，但我隨即住口，因為寧靜莊嚴的大山和甘於沉潛的深谷，使人不再輕浮！

倚著三角點附近的大岩石，青翠的箭竹從山腳、從澗谷、從四面八方蜂擁而至似的將人包圍。小心翼翼的站起身來，唯恐稍有不慎，馬上就會被隨時滋長的綠吞噬。原來在夜下、在合歡山主峰所瞧見的草地，不是溫柔平鋪的草地，而是欣欣向榮的草原；不是欣欣向榮的草原，而是一叢又一叢披在高山之上的箭竹，它們正以堅韌的生命，接受冰霜嚴酷的淬煉，向天、向地大方招展抖擻的自己。

本來應該突兀崢嶸、相互競長的箭竹，由於環境改變，生長受到壓抑，所以近看已成緊緊相挨的矮樹叢，密不透氣的伏貼在頗有起伏的山坡上，一片翠綠。遠看則是一團團彼此簇擁的高地草原，依勢綿延，盤踞整片山野。風，只敢躡手躡腳；人，自然屏住氣息；除了天上偶而飄過的白雲之外，綠，是此刻唯一的生意。

早上穿透雲翳的晨曦，有如荒野熊熊燃起的營火；滿山遍野的綠，在陽光的照耀之下，豁然開朗。壯闊的山景，不只雄偉，而且亮麗；亮麗的綠在金色的陽光裡，彷彿湖上數千數萬點迎風綴起的粼光，如躍如騰；又好像千片萬片散落在山坡上的小翡翠，耀眼的與日爭輝。天和地就在金與綠紛然交織的閃爍裡，蔚成一個勝似於夜的美麗夢幻。尤其盤旋長空的老鷹，將其影子投在偌大的草地時，金色的鷹與黑色的影上下相映，更是好看！

有如夜幕才剛低垂的夜晚，有如烏雲突然密布的原野，在陽光不及投射的山頭，景物雖然還能辨識，但已被昏暗遮掩的大地，即使遠在數公里外，仍能感覺那分高山特有的冷峻；與其說是冷峻，不如說是神祕來得恰當。彷彿沒有邊際的黑，籠罩著已呈墨色的綠，使人頗想一窺究竟。我突然發現，終年雲霧繚繞、陽光難得露臉的黑色奇萊，就在眼前。不由自主的往前挪移，待一察覺，已在懸崖邊了，原來這就是黑色奇萊可怕的魅力！

回到大岩石上坐著，已經略呈疲態的眼，仍然炯炯睜起。我從身旁開始掃視，五、六月間姹紫嫣紅、足以撐起合歡傳奇的高山杜鵑，就在腳下不遠的箭竹林中韜光養晦。大部已被箭竹覆蓋的高地，偶而也有幾株參天的松樹，既蒼勁又挺拔的矗立在山壁、在崇嶺、在危巖之上；下意識的伸出手來，想為終年傲岸的它喝采，可惜它並不領情。山一重重，聳峙在幽深的谷壑之中，彷佛有盡、忽又無窮的一路橫亙；谷一座座，跌落在陡峭的山罅之間，當嵐氣冉冉升起，我的心有如悄悄出竅的靈魂，頓時感到莫名的輕盈。

同時擁有主峰、東峰、西峰、北峰，至少四座百岳的合歡山，雖然高聳入雲而顯得神祕，雖然重巖疊嶂而層出不窮，但卻座座可親可近。只要具備一定的體能，依循既有的指標，邊走邊休息，就算是未經訓練的一般人，也能如願登頂。山高不見得就要自絕於世，人清不一定就得離塵離俗；與其瞻仰自絕於世的高山，不如奔向與人相融的丘陵；當然，又雄偉又平易的合歡山，絕對值得攀臨！

我希望看遍所夢寐的山水，企想汲取長年匱乏的高地營養，因此在美景當前的合歡山上，無遠弗屆的眼在峰巒迭起的山野搜尋，至於端坐不移的腳，則隨著不斷搜尋的眼動了起來；我的眼看到那裡，人彷佛就到了那裡。恍惚之間，把剛才戰戰兢兢的謹慎給忘了，我情不自禁的對著壯闊的合歡山大喊：我做到了！

（中國語文七一三期、二〇一六年十一月）

二四、合歡北峰

即使已經五月了，北峰仍然一片秋冬景象，與其他滿眼翠綠的山頭迥然而異。還未冒出新芽的草原，又枯又黃，沿著山脊一路綿延，一個山谷又一個山谷，直到樹木林立的遠山，才能看到熟悉的綠意。這種蒼茫而不蒼涼的情景，別有一股恬謐的韻致，使人摒除豪邁的輕薄，而油然升起豪曠的情懷。「振衣千仞岡」只是做作，「念天地之悠悠」更是矯情；我的眼只顧向前瞭望，我的心則恣意優遊，在這空闊淡遠的山野，美景目不暇給，誰還有空搖頭晃腦、咬文嚼字呢？

秋冬的草原，是生命的沉澱，也是自然的休止，所以除了等待之外，沒有任何生意。春天的草原縱然枯黃，但在枯黃之中自有蠢蠢欲動、甚至一觸即發的生息。它不是終了，而是起點；它並未停滯，而是萬物欣榮的初始。高山的春天總是來得很晚，晚得必須千呼萬喚，才肯露出臉來；至於秋冬，則又到得特別的早，早得美景還來不及吞嚥就消逝了。只有有心人，才能在春天仍枯的草原上，傾聽山野驚蟄的聲音，並盡情享受當下美麗的憧憬。

早已翠綠的山嶺，就像沉不住氣的小孩，只要一點表現，就迫不及待的急於向人炫耀。儘管碧草如茵，儘管林木蔥蘢，但美好的景物猶如盛在淺碟的蛋糕，雖然可口，卻無遐想可期。沉潛的北峰則不然，他像由綠轉黃、由黃變紅的蘋果，時時精彩。偏離岩石斷削的小徑，踩在平鋪如毯的草原上。草原厚實的枯草，如彈如簧，輕輕頂住鞋底，彷彿腳下無數蓬發的生命，想將我的雙腳彈開。我虛心接受不准踐踏的抗議，重新回到縱走山脊的小徑上。

小徑乍看是路，其實是脊，有時狹窄如割，有時陡峭如突，腳踩其上自然戰戰兢兢。徑上布滿銳利嶙峋的石片，石片泛著灰白的光澤，於大片枯黃的草原中蜿蜒。滂沱雨下的小徑，是淺斟低唱、潺潺湲湲的小溪？是一帶如練、不停傾注的小瀑？還是湧現生機、流經大漠的小河呢？不用遠山烘托，不必杜鵑妝點，單單這片枯黃、這條小徑，就能令人頻頻回首！

枯黃的草原之外，還是枯黃，純淨的景色，不必東張西望，即已美不勝收；不用左思右想，自然領會自由的真諦。原來真正的自由，不是行動得以暢行無阻，不是內心得以了無掛礙，也不是思想得以無遠弗屆的馳騁；而是什麼也不做，什麼也不想，連思緒也能不受左右的展翼高翔。這不是刻意的放空，而是自在的無羈；不是心靈的調適，而是自然的呈現。我在這分自由之中，品嚐不受干擾的孤獨；並在完全孤獨的領域裡，做我自己。這一輩子不敢說曾有什麼偉大的發現，但至少在北峰枯黃的草原上，我認識了自由！

自腳下延展的草原，翻山越谷漸行漸遠，漸遠色彩漸深。枯黃的色裡有淺淺的綠，淺淺的綠逐次往前渲染，直到群峰綿亙的極遠之處，則已變成深墨的綠了。陽光之下，閃耀如金的枯黃草原，在墨綠如黛的山林烘托之下，整個大地宛如一幅巨大的水彩畫。不必對焦，只要隨手一按，就是一張漂亮的風景明信片；畫中未曾留白，但只消你我隨興一站，馬上入畫。多看一眼，幸福的氛圍就多一分；多走一步，優雅的情操就升一層。邊走邊流連，我想在美麗的景物裡，多做一些逗留！

合歡主峰眺覽無阻的視野，可以欣賞一望無際的草原；合歡東峰諸嶺環矗在旁，觸目所及全是雄奇的林相；合歡北峰則有主峰的視野、有東峰的雄奇；主峰的美與東峰的雄加總之後，再將美感予以擴大，就是北峰俯拾即得的美景了。尤其接近峰頂，每當春夏之交，群花爭妍、嫣然縟麗的高山杜鵑，綻放在枯色的草原之上，更是殊絕！因為冬雪覆蓋，草原到處枯黃；因為氣候寒冷，所以春天來得較晚。五月的草原雖然依舊如昔，卻已蓄勢待發，我喜歡這種可以預期的即將。還未登頂，心願只有一個；來過北峰之後，心願卻變多了；因為北峰的美，使我隨時都想上去走走！

二五、合歡山望夜（合歡主峰）

像張力不足的夜幕，低低的垂掛在廣漠的山野；彷彿縱身一躍，就能輕易碰觸的天空，藍得湛藍的頂在頭上，將整個大地籠罩。像異軍突起的山峰，一座又一座橫亙而成連綿的峻嶺，有如過動好奇的小孩，又是踮腳、又是延頸的往上伸展，企想把頭伸入低垂的夜幕，一探究竟。在天廣地闊的時空裡，我就地找了一塊岩石，坐在合歡山上。

略感溼潤的空氣，自臉頰、自指間輕輕滑了過去，只剩一點涼意直沁心頭。頗有涼意的微風，含著淡淡的草香，自遠山、自深谷陣陣吹來，細緻、輕盈的感覺，就是不同。合歡山上的人煙本來就少，何況在這夜已深沉的晚上，除了偶而飄入耳際的蟲鳴之外，沒有多餘的聲音。這裡，靜得一片寂寥，靜得一無所有，靜得隱隱透出一股清新的靈氣，將人的情操逐漸昇華開來。

喧囂，已被擋在山下；暑熱，已經柔夜隔離。因為山勢已高，拔地參天的樹木不多，合歡山上到處都是夜下稍呈墨綠的草地，從腳下隨著起伏的地形，在頗有落差的山谷與山頭之間，上下蔓延。蔓延的草地，不是如茵如毯，而是大器磅礴；磅礴的景使原本悸動的心，逐漸轉為激越的情，而將習以為常的拘謹，一掃而空。很想振臂疾呼，但雄偉的天與地，瞬間把我震懾！

我把雙手撐在岩上，閒適的眺望夜空。明潔的夜空，猶如才被濯洗一般；星星如鑽如珠，隨意灑在天上，有的迸濺、有的含蓄、有的柔和的閃著光芒，好像幾千幾萬個狡黠的精靈，你推我擠的趴在無瑕的夜空探頭探腦。又像草尖數也數不盡的露水，在天色已亮、晨曦未現的早上，一片晶瑩。想用貧乏的天文知識，逐一加以分辨，眼睛卻在繁星點點的夜空裡迷失了。想跟著閃爍的光芒，游走在謎樣的銀河，體會宇宙浩瀚的奧祕；突然兩道疾駛而過的車燈，把人從夢幻的景中叫醒了。

站起身來，伸出雙手，我想在星光的柔輝裡沐浴，洗去僕僕風塵的一身庸俗；然後將天上的星星別在衣上，穿著一襲華麗的禮服等待，等待天門一開，立刻就從三千公尺的合歡山上登臨，參加今晚為我舉行的盛宴。繆斯手上獎賞優勝的桂冠，何等炫目，但在這個群星競耀的夜下，早已失去光澤。好風如水、清輝流瀉的月夜，當然很美；但星空之下、合歡山上的夜景，一點也不遜色！

高山的景物雖然很美，但高山的氣候卻變化莫測，因此只要起霧，人們就紛紛下山走避，何況夜晚！合歡山有平整的公路，有空曠的視野，不必辛苦攀爬就能輕鬆登頂，也不用扛著裝備就能飽覽美景；即使在夜幕遮掩的晚上，仍有毫無光害的星星相伴，誰能抗拒這種美麗的誘惑呢？因此合歡山時常是我春季旅遊的起點。

曾經遠赴紐西蘭，沿著瓦卡提布湖畔散步，在因巨人心臟脈動而規律騰起的湖波上，從他腰帶橫斜的三個扣環，知道他是得罪阿波羅的獵戶星座歐里昂。也喜歡去希臘，悠然的坐在愛琴海邊，隨著因雅典娜呼吸而起伏的波濤，欣賞已被赫拉變成熊而永遠不落地平線下的大熊星座阿卡絲。夜，彷彿溫柔的母親，任憑孩子們予取予求而默默守護；在夜下，可以思考，可以奔馳，也可以放空；只要你肯，一切都能美好；而在合歡山上的夜晚，更是一絕！

陽光、空氣、水，是人類活命的三大要素；但如果太陽每天都在眼前，永晝長達半年，是否有人會因想念柔美的夜而遠遁？沒有山的生活，就像火車駛在一定的軌道上，儘管站站有別，其實大同小異；沒有夜的地方，只能拉下厚重的窗簾，躲入黑暗，暫求半日喘息的機會。因為有夜，大地才能再次詳和；尤其白天看來陡峭巍峨、彷彿拒人千里的大山，夜下竟然如此的恬靜！雙腳踩著夜，悠然的站在合歡山上，我雀躍的心則與天上的星星，一起閃爍！

（中國語文七一二期、二〇一六年十月）

二六、甜蜜的永恆

在建中任教的第二年，接受補習班的邀請，晚上前去兼課。站上講臺，拿起麥克風，面對兩百多人一班的教室，教法當然會與學校有些不同。因為都是已經修完高中三年課程的同學，因為補習只是為了加強應考的程度而已，所以時常採用複習的方式提問，要求大家回答；同學們只要能講出答案，就當場致贈拙著強者的塑造一本。

就是那一天，又以相同的方式要求答題；坐在不遠處，有一位皮膚白皙、面貌姣好的同學舉起手來。答案正確，照例送書。這一次特別在書的裡頁寫上電話，下課時刻意經過她的身旁，把書給她，並低聲的告訴她：「如有心得，可以一起討論。」

六月，補習班的課程結束了；七月，聯考已經過了；八月，怎麼還是沒有消息。整天若有所思的等著，心情由期待而悵然，由悵然而落寞。就在即將失去信心的九月，電話響了，耳際傳來怯怯的聲音，我的心裡一陣狂喜。

為了迎接她的到來，我請自願幫忙的同學前來打掃。整片地板用水淋溼，然後灑上厚厚的洗衣粉猛力刷洗，直到地板逐漸泛白，才算乾淨。我將椅子拉到面對草地的走廊上，坐了又坐，調了又調，一切就緒，恨不得現在就是明天！

隔天，身穿淺色上衣與白色吊帶褲的她，輕巧的走上木階。很想把她仔細瞧瞧，但卻害怕觸及她的眼睛，只能偷偷的打量。本來還算健談，竟在她的跟前語塞，一時不知從何說起。最後，還是運用老師的專業訓練，從強者的塑造開始談起，逐漸把話匣打了開來。

她的身材修長，動作卻很輕盈；她的眼睛很美，眸子卻很自然；她的一顰一笑、一投手一舉足就是美麗，就是優雅。話語不多，但眸子卻有千言萬語似的，教人深深的著迷。整個下午，談書、談補習、談聯考、談生活，談到後來，兩人兩眼相視，竟比用言語實際的交談，談得還久！

我們曾在植物園裡散步，共坐一張只能容下個人的椅子。曾經乘著夜色，共騎一部機車上陽明山，直到四處漆黑如墨，伸手不見五指，前不見行人，後沒有來車時，才興盡的折返。更有一次載著梅娜到三軍總部，拿東西給官拜上校的姊夫；姊夫一見騎乘野狼的我，據說很不放心的回報母親大人！

小時候，年年都當班長；朝會時，天天都得站在隊伍前面；每次看到拉著白繩升旗的女同學，心裡時常會想：如果她是女朋友，該有多好！結果梅娜就是國小的旗手！長大之後，只要看到路旁有人作畫，一定駐足欣賞，有時一站就是一、兩個小時。每次進入展覽會場，恣意享受豐盛的美術饗宴時，心裡時常會想：如果女朋友會畫畫，該有多好！結果梅娜不但能畫，而且還曾多次得獎。能夠遇到梅娜，人生已經沒有任何遺憾了！即使奉派韓國、日本參訪時，我仍然把梅娜的照片，隨身攜著、帶著！

為了爭取婚假十四天來寫參考書，於是和梅娜商量就此結婚。當時銀行的存款不多，唯恐無法負擔宴席的費用，於是商請好友先墊。因為預算有限，所以只開八桌。一桌、兩桌、三桌，已經加開三桌了，客人仍然不斷湧進來，我在無法可想之下，只好告訴小弟：「把沒有座位的客人請走！」因強者的塑造而與梅娜結識，所以特請文史哲彭先生加印結婚紀念版，做為餽贈來賓之用。宴會之後，我向岳母保證：儘管無力呈奉聘金，也沒錢可以製作喜餅，但一定會儘快讓梅娜有個溫暖的家！

在此之前，師大教我理則學（邏輯）的林玉體老師，曾經告訴我：「如果想在臺北立足，必須先有個家。我最近要搬到新家去了，這個舊家就留給你！」我向老師說：「可是我沒有錢！」老師說：「沒有錢，沒關係，就先登記給你。」我說：「如果一輩子沒有錢還，怎麼辦呢？」老師說：「一輩子沒有錢，就一輩子不用還！」結果，我把老師的舊家，當做我們甜蜜的新巢！為了表達對林玉體老師的敬意，我們全家終身不以林老師、而只用「老師」二字來尊稱。

婚後馬上進入撰寫參考書、緊張而又忙碌的生活，梅娜不但沒有怨言，而且全程參與，全心協助。岳母一見么女忙不過來，因此隻身前來臺北幫忙。稿子有梅娜校對，家事有岳母料理，我除了專心寫稿之外，其餘瑣事，一概不用理會。一本、兩本、三本，參考書如期出版了；一年、兩年、三年，時間就在周而復始的忙碌中消逝了；猛然回頭，結婚已經二十七年！

二十七年來，我們一起奮鬥，一起歡笑；閒來外出逛逛，隨興所至，車子開到那裡，晚上就在那裡過夜。放假出國遊玩，今年去落磯山脈，溫存寶石一般湖水的柔情；明年到蘇格蘭高地，馳騁草原粗獷的豪邁；只要平時節省一點就夠用了。日子雖然平淡，全家卻也和樂融融。嫻雅恬靜的梅娜，生活一向簡單，從來沒有多餘的想法，但對家庭、對子女，卻以細膩的愛心隨時呵護。我本來急躁的個性，在她的潛移默化之下，如今也把生活的步調放慢了。

能夠認識梅娜，是我一輩子的幸福。我不是王子，但梅娜一定是公主，我常想大聲的說：「娶了美麗優雅的梅娜之後，從此過著幸福快樂的生活！」

（中國語文六七三期、二〇一三年七月）

二七、茶花與欣賞

早上醒來，急急忙忙的走到院子裡，看看昨天探出頭來的蓓蕾，是否已經綻放了；已經綻開的花瓣，到底是紅、是白、還是深紫的顏色？是斑點、是條紋、還是漸層的色澤？是端整的千重、是浪漫的玫瑰、還是華麗的牡丹花型？我喜歡驚喜，所以只要睜開眼睛，馬上迫不及待的前去賞花。

茶花的花瓣厚實，可以使白的更白、紅的更紅、粉的更粉；天氣愈冷，花色愈美，花開得愈燦爛。每一片初綻的花瓣，都有意想不到的變化，都能帶來一分新的喜悅。尤其在細雨迷濛的冬晨，潔淨如洗的茶花，更足以使你我的世界立刻清澄；所以在妍麗多姿的花草裡，我最喜愛茶花。

記得才領薪水，和梅娜即興的到花市走走，突然看到兩棵嬌嫩可人的小花，楚楚向人示意。我們恍如在夢中巧遇美麗的小天使，兩腳頓時賴著不走，雙眼盯住無法移開。待一回神，我們一人一盆，滿心歡喜的把它買下，從此開啟美麗的茶花情緣。

我和梅娜到茶花群聚的陽明山，瞭解茶花生長的情形，並從多彩多姿的茶花裡，一一品嚐不染塵煙的美麗之後，方才知道：看似大同小異，其實每一棵茶花都有自己的個性。只要用心的體會，仔細的聆聽，就能得知什麼叫做純摯、奢華？什麼叫做飄逸、豪爽？我們到茶花的故鄉雙溪，尋找臺灣茶花的源頭，並從滿坑滿谷的品種中，挑選所喜歡的茶花之後，恍然得知：喜歡某種茶花的人，可能就具有某種個性；因為茶花的種類很多，不管其人個性如何，都能在各式的茶花裡，相應的尋得。我們更遠赴刻意栽培茶花的新竹和新社，欣賞茶花所謂的極致，並從百卉爭妍的花型、群芳競放的色澤裡，恣意享受大地的盛情之後，赫然發覺：一棵茶花可以綻放朵朵殊異的姿容，一朵茶花能夠展現瓣瓣不同的風采；世界上只要夠格稱為漂亮的花朵，在冬天盛開的茶花園裡，不但全數呈現，而且讓你一覽無遺！

因為茶花只在三月花謝之後，才繼續去年的成長；六月以後，成長停滯，接著又是長達半年的含苞期。人們嫌它成長的速度太慢，於是廣泛使用油茶的根幹做為砧木，大量嫁接。嫁接可以速成，可以聽憑己意，但卻違反植物的本性；尤其大大的砧木，上接小小的枝椏，無論從那一個角度看去，都是怪異！何況油茶與茶花的基因不盡相同，嫁接之後雖有數年的榮景，但不久即有殘枝敗葉的病容，看了使人於心不忍，所以我只栽種原株，耐心的陪它慢慢的成長。

因為茶花的枝條柔韌，可以供做盆養之用，於是人們把樹砍斷，只留一截短短的樹幹，硬擺到小得只能覆蓋一層沙土的盆中裝腔作勢，人們把它叫做盆栽。用鐵絲纏繞，用細木架開，凡是不合想像的都該剪除，無法雕塑的全數剷去；形狀雖然有別，其實千篇一律，人們把它叫做盆景。盆養的樹頭很粗，乍看好像大樹，其實只是侏儒而已。我喜歡會開花的樹，勝過會開花的花；因為像茶花這種會開花的樹，一到花季，花朵由上而下立體呈現，不但瓣瓣分明，而且朵朵精彩；不像一般花草，只能以籠統的數大便是美、數多即成景來迷眩世人。

我們種花，我們愛花，我們賞花，即使一片才剛抽吐的芽尖，也能感到莫名的喜悅。茶花油油田田的葉子，迎著陽光閃爍，好像長在樹上如夢似幻的翡翠，為大地帶來蓬勃的生氣。茶花含苞的蓓蕾，顆顆晶圓，粒粒飽滿，有如豐盈的秋收就在眼前，使人情不自禁的期待。茶花微微吐露的花瓣，早已引起人們無窮的遐想，遐想這棵待展的茶花，即將揭曉什麼迷人的謎題？茶花滿樹綻放的花朵，有如才剛卸下面紗的美女，冷豔逼人；使人彷彿擁有一切，瞬間置身於美麗的帝國之中，而接受所有天使的禮讚。

茶花一開，我和梅娜總是徘徊花前，像兩個貪婪的小孩，眼睛始終停在花朵之上。我喜歡茶花剛綻放時的嬌嫩，盛開時的嬌豔，斜陽下的嬌柔；今天有今天的意趣，明天又有另一番新的風情。我用眼睛攝影，用頭腦記憶，並隨時觀察花的變化，即使一條網脈、一抹飛紅，我也不想錯過。因為不由自主，因為強烈的感動，於是拿起筆來寫茶花的詩、茶花的文，將大地最經典的美麗，一點一滴的洩露出去。自忖無法投入茶花的專業栽培，但至少還可以用紙用筆，參與這場絕美的盛會，回饋我們所鍾愛的茶花族群。等到花落的時候，小心的把茶花拾起，一朵一朵盛在白色的盤子裡，將完好的花瓣夾入書中，明年，它就是一張薄得透亮、美得高雅的花片。然後一瓣一瓣撕開，輕輕的從手上飄入桶中，讓茶花款款多情的回眸，再次深深著在我的心上！

曾經喜愛玫瑰的浪漫，但卻嫌它的花瓣太薄，薄得無法奔放熱情；曾經喜愛蓮花的端整，但卻覺得它的花型太匠，匠得難有意外的驚喜；也曾喜愛牡丹的華麗，但卻感到它的花朵太散，散得凝聚不起深度的美感。直到與茶花相遇，我才知道什麼叫做美麗！難怪帝俄時期的貴族，赴宴時必在胸前別上一朵白色的山茶，以表尊貴；韋瓦第的歌劇茶花女，手上常有一捧茶花，以表純潔；法國的精品香奈兒，每年必以茶花做為設計的主軸，以表不俗；因為，茶花真的很美！

（中國語文六七八期、二〇一三年十二月）

二八、美麗的經驗

採自高山的茶葉，減量放進壺中，沖泡之後將水迅速倒出；把琉球山茶已經盛開的花朵，逐朵摘去花蒂，依壺的大小、茶葉的多寡酌量加入，一壺茶葉與茶花美麗的邂逅，一次飲者從未有過的和諧，於是氤氳而出。

因為茶花與茶葉同科，所以茶花加入茶葉之中沖泡，不但不會走味，而且還能相得益彰，頓時將茶的原味極度提升，使本來只是中等的茶葉，立刻變成上品的好茶。除此而外，如在茶葉中加入桂花、加入茉莉，雖然也能產生香氣，但卻只是桂花、只是茉莉，茶的原味必被掩蓋；一提味、一加味，香氣與感覺絕對不同。

我喜愛喝茶，我希望所喝的茶，茶味必須純粹，但也可以稍帶澀味，澀味應在舌端隨即化為甘甜；茶水必須清澈，清澈之中暈著嫩綠的金黃，鮮潤透亮；茶香必須強勁，入口馬上爆開，香氣瞬間滿溢於口鼻之間；至於喉韻，則須滑順有如一層柔軟的水膜，輕輕的從舌尖、從喉頭緩緩的流過。香、清、勁三者，是我對好茶的要求；尤其加進琉球山茶之後，更是叫人迷戀；可惜，只在冬天！

在閒暇之餘也種茶花，自信對於茶花還有幾許認識，但卻始終不明茶花還能泡茶。

直到有次偕同梅娜前去雙溪，茶花莊的莊主莊崇祥、莊豪雄兄弟突然興致一來，隨手摘了幾朵山茶放進茶水裡，我才恍然得知僅止觀賞的茶花，原來還有鮮為人知的妙用。我把這個訊息告訴建宏開朗爽直的蔡秋文經理，蔡兄一試之下，讚不絕口，從此年年期待冬天。我想如此好茶，怎能祕而不宣呢？於是每當琉球山茶的花期一到，立即寄給臺南溫文儒雅的陳中光老師、佳里樂天恬淡的黃憲宮先生，希望大家都能享受這個美妙的經驗！

雪白、有時略帶紅色的琉球山茶，花朵雖然不大，但在十二月至隔年一月綻放時，計數不清的小花，迎風搖曳的綴結在枝葉之上，遠遠望去，皎潔如霜；即使閉起眼睛，濃郁的香氣仍然撲鼻而來。花開的時候，每天早晨一醒過來，不待思索就自然而然的走到花前，趁著蜜蜂還未將蜜採走，一朵一朵細心的摘取；又怕遠道而來滿懷希望的蜜蜂，空手而回，所以總是先摘一半，待蜜蜂採過之後，方才全數納入瓶中。

新鮮的琉球山茶，才能泡出芬芳的香氣，於是如何保存，成了我們最大的挑戰。我將裝瓶的琉球山茶冷凍，結果解凍之後的小花，化為一團爛泥；用塑膠的瓶子裝盛，改為冷藏，結果小花不到三天，早已枯黃；最後還是蔡兄發現冷藏時，必須選用玻璃瓶子；從此採下的琉球山茶，才能保有兩個星期的鮮度。

琉球山茶的香氣濃而不膩、潔而不濁，可以供做泡茶之用；為了延續琉球山茶的驚喜，所以廣植馨香的小茶花，然後逐一試飲。結果在各有千秋的香氣裡，發現珍珠毯、甜香水、芙蓉香波、辛拿蒙辛蒂四種茶花，可以在琉球山茶缺席時，暫為取代。但還有一種香氣與琉球山茶無二無別，花朵、花型卻比琉球山茶更大、更美的連蕊茶，值得栽培；於是我們憧憬的冬天，又增添了一員令人驚豔的主角。

喝茶，是每天教書、寫書之餘必然的休閒。一向講究喝茶、而且只喝臺灣的好茶，自認已經嚐遍各個山頭的茗茶；沒想到一朵小小的琉球山茶，卻能將喝茶的境界再次提升，所以我謹在此，鄭重推薦！

（中國語文六八二期、二〇一四年四月）

二九、桃源谷踩冬

像綽約曼妙的白紗，在空中婀娜多姿的飄的逸的擺的蕩，自遠而近，怯怯的、多情的向人襲來，將人整個網住。才想掙脫，入冬的寒意已經一絲絲、一縷縷溫柔的拂在臉上，疼惜的撫觸我們才剛萌芽的悠閒。而本欲閃躲的雙眼，則像重回母親懷抱的嬰兒，好奇的朝著繆斯典藏的詩意，大力攫取。在桃源谷、在虛無縹緲的霧裡，我們彷彿一群停在雲端的精靈，又頑皮又興奮的俯視這個大千世界。

這個世界的白，看似透明，其實迷茫。人在迷茫的霧裡，隱隱約約的有如身處隨波微漾的海上，左右搖曳。美感，就從並不真實的感覺之中，和著玩興正濃的白霧，陣陣生發。我把兩手平伸，想學伊卡普斯展翼高翔，即使固定羽毛的蠟將被陽光蒸融，我也沒有怨言。可惜如點如絮、滴滴穿透層層霧網的雨，將想飛的心給淋溼了。

我們有時踩在古意斑駁的石板上，沿著起伏有致、似乎沒有盡頭的階梯，一路蜿蜒。有時則往如絨如毯的草地漫步，使沾滿綠意的霧水，輕輕的著在腳上、在手上、在心上，重溫人與自然邂逅最初的感動。越過這個山頭，還有另一個更美麗的山頭呈現眼前；滑下這個深谷，還有另一個更幽靜的深谷等待探訪。我們就在造化巧手布置的美景裡，逍遙整個有霧的冬晨。

有霧的桃源谷雖然迷人，但在藍天白雲之下，桃源谷卻顯得更為亮眼。如鋪如蓋的小草，株株閃耀著綠色的晶瑩，肆無忌憚的橫的行，直到與天與海交際的地平線上，才將美麗的畫面定格。我喜歡站在渾圓的山上，頂天立地，想望太陽每天迸射首道光芒的驚奇；我也時常躺在平坦的谷底，細品野地的芬芳，並請清冷的微風，輕拭早已蒙塵的心靈。對於自然，我是一個永不喊累的小孩；無遠弗屆的尋幽訪勝，竭盡氣力的任性遨遊；即使眼前一片迷茫，我也欣喜如雀！

以前，一有空閒即驅車上陽明山，在漫天遍野的綠意裡，悠哉游哉的走這走那，走出不染人煙的恬靜。銜著童年的坦率翻滾，倚著年輕的豪氣狂放，更挾著志得的滿足縱橫；在這可以呼、可以喊、可以叫、可以吼的草原上，沒有禮俗、沒有人情、沒有紛擾，甚至連自己也從無羈無勒的自在之中遺忘了。後來唯恐遊客踐踏，於是空闊的擎天崗，僅以一圈狹窄的步道供人遊覽，實在可惜！此刻置身天地已被白霧遮掩的桃源谷上，我是來去自如的天使，盡情的在只能想像的廣漠裡游移；是沉思冥想的智者，將思想的觸角伸入無法想像的天際；是怡然自得的隱士，不用想像的重現純摯的真吾。身體逐漸輕了，心胸愈發擴了，人彷彿在如夢似幻的天地裡，緩緩的飄了起來。

在桃源谷，不用說鮮嫩的綠草，隨著徐徐的微風披靡，披靡一片搖曳有致的綠漣，頻頻遙向浮在空中的白雲輕盈的招手。不用說若隱若現的龜山島，遠在不可想像的化外，又近似伸手可及的蓬萊；漁船點點，彷彿意欲尋訪桃源的武陵人，而浪花朵朵，則像暮春才剛凋零的桃花；你睜你張你看，就是無法一眼把它瞧遍。這裡有晴朗的藍天，有寬闊的草原，還有藍天與草原上下相映而成一襲悠遠的視野，只要站上峰頂，馬上就有很多的話要說，很多的美要講。何況籠著薄霧的桃源谷，已將詩意滿地飄灑，只要來到這裡，任誰都是詩人！

聽說仁者樂山，智者樂水，所以樂山又樂水的人，就是仁、智兼具的聖者。我們在坡緩如流的桃源谷上，遠眺波濤洶湧的太平洋，享受可親可近的愉悅，並領受可敬可畏的策勵。愛山愛水的我們，並不在乎能否稱聖或稱仁，因為在我們恬適的心裡，只求能夠暢快的玩！

（中國語文六九二期、二〇一五年二月）

三〇、臺北下雪了

點點如星的雪，輕輕的飄著，像隨風游移的精靈忽東忽西，在無瑕的空中忘情的嬉遊。沒有喧嘩，只是一片沉寂的靜，靜得彷佛時空都已停駐；只剩皎潔的白，有意、無意的攀在髮絲上，綻放朵朵玲瓏的小花；拂在向來緊閉的雙唇，揚起圈圈久已忘懷的笑容。我情不自禁的挺起胸來，讓雪著在手上；雪涼涼的寒意，使我頓時想起才剛出世時的自己！狡黠的善變的雪，繼續下著……

在千絲萬縷、像迷濛而不著邊際的春煙，像浮在嶺梢而漫無目的的山嵐，有些夢幻又有些真實，一天似乎無法碰觸又隨時可望可即的雪中漫步，品嚐如旖如旎又如假包換的美景，悠悠然然的蕩起一個只能想像的世界。如簧的腳，踩在溼潤的地面；如燕的身，和雪一起盤桓。我捨不得思考，因為思緒的重量會將著地的雪壓傷；我不想要描摹，因為謎樣的景致，我想全數存進美感的記憶裡。

四下悄無人語，只在遠處還有幾筆樹木，輕描淡寫的佇立雪中，對著已被淨化的原野，深情凝視。白，逐漸瀰漫；雪，愈下愈大；像成片成塊的白雲，款款的無機的左右挪移；像鬆柔酥軟的棉花，輕薄的戲謔的向下拋擲。本能的側著身體，但隨即張開臂膀迎了上去。我用雙手戰戰的捧取；雪，好像回到母親懷抱似的，在手中溫馨的安然的偎著。正想仔細端詳，誰知道才只那麼一掀，雪就在手上碎了。我悵然的舉目遠眺，雪又從頭上灑了下來。

整疊整疊的雪，由上往下傾倒，像懸崖之上的瀑布傾瀉山谷，像席捲岩岸的巨浪跌落大海。感覺更冷了，但內心深處依然雀躍！我在才剛成堆的雪地躺了下來，手腳一起滑動，硬在雪上滑出一個展翼的天使。仰起臉來，興奮的接受雪的洗禮；張開雙眼望向天際，瞧瞧是誰正在天上播弄白色的歡娛？但我卻被瀰天鋪地的雪景給駭住了！

只見滿樹銀白的雪花，沿著起伏和緩的山坡，株株相連的綿延而成一條白色的大道。微微的冷風輕拂，穿過搖曳的枝葉之間，恍惚看到一群群滑著雪板的選手，驀然畫破寧靜的山野，迅疾的濺起陣陣碎花，輕巧的掠過跟前。彷彿聽到聖誕夜的馴鹿，自那遙遠的山頭，拉著叮噹作響的馬車，一逕飛奔而來。我信步走在這條香榭大道上，觸目所及，都是令人愉悅的情景！

從前，喜歡於夜幕已退、晨曦未臨的清晨，在天與地寬闊的「夾縫」裡，享受寧靜短暫的空白，讓放空的心靈在這片空白之中，盡情馳騁。也常於湛藍的藍天與碧綠的綠地之間，乘著只能感觸的氣流，翱翔早已習慣喧擾的雙眼，掠取一點悠閒。但卻從未想過，當雪模糊了天地的界線，而白將所有的視野填滿時，竟然會使時空暫停似的恬謐，讓大地如生命初始般的躍動，而且就在每天居住的臺北！

我曾遠赴紐西蘭，欣賞南島鬼斧神工的冰山，巍峨的聳立在地球的最南端，凜然發出一股逼人的寒意。曾踵臨英國，接受蘇格蘭高地冰原的震撼，在廣漠的冰天雪地之中，領略北國才被賦予的壯麗。我也往遊奧地利，下臨冰河循著造物者隱約的足跡，直探大自然的奧祕；並上抵大鐘山頂，尋覓美麗的源頭，目睹大雪紛飛的驚奇。對於雪，從小就有一分莫名的親切；臺北有如翡如翠的森林，有如波如濤的峰巒，但卻少了飽含詩意的美景。今天皚皚的白雪，已將這個缺憾癒合而成一片如畫的大地；臺北，又自雪中誕生了！

（中國語文七〇六期、二〇一六年四月）

三一、維也納素描

飛機在維也納的上空盤旋時，好奇的拉開窗簾，俯瞰這個已經沉睡的城市；只那麼不甚在乎的一瞧，睡意頓時全消了。一棟棟典雅別致的房舍，隨意妝點在大片的森林之中，使人彷彿置身於美麗的童話裡；一點點穿透暗夜的燈光，星羅棋布的撒在泛綠的大地上，好像天上耀眼的群星，突然整個掉在樹林裡，同時閃爍。我不自覺的彎下腰來，正想伸手摭拾，飛機已經「匡、匡」的降落在維也納機場了。

早上醒來，迫不及待的走到街上，想親睹這個夢寐已久的城市。位處溫帶的維也納，即使在炎熱的七月天裡，早上還是頗有涼意。把夾克的拉鍊拉上，挺起胸來迎著吹拂臉上的晨風，貼著多瑙河畔走去。流經深谷峻嶺，流過高聳城堡，流入維也納市區的多瑙河，兩旁寬闊明朗的平原，向外開展一野翠綠如洗的盎然；平原盡處就是坡地的起點，從平原荏苒而上的坡地，緩得讓人似無所察，讓人覺得理所當然，待驀然發覺前面一片雪白時，眼睛已在終年積雪的山頂上了。

有河流、有平原、有坡地、有山嶺，由近而遠依次呈現的維也納，她不像位在阿爾卑斯山上，本身就是山國而無腹地可言的瑞士；她也不是地處阿爾卑斯山外，大部都是平原而少立體地形的德國。因為坡緩如流依次開展，因為終年蕩漾的多瑙河，維也納不是單調無趣的小鎮，而是一個乘著輕快的波浪，優雅的划在時光的長河中，隨時散播歡笑的古城。多瑙河澄澈的水，洗去帝國濃膩的鉛華，重新展現維也納人自然樸實的個性；多瑙河寬廣的河，融進異國多樣的文化，再度散發阿爾卑斯民族熱情奔放的特質。

河的南端，森林隨著逐漸高起的山勢，依次林立在維也納不遠的郊外。郊外潔淨的森林，有的稀疏，有的繁密，有的成群站在蔚藍的晴空之下，俯視綠草如茵、葡萄成行的山谷，綿延而成一望無際的原野。維也納充滿詩意的森林，在陽光之下隨風搖曳，恍如正向世人招展它特有的風采。而一聲聲婉轉的鳥鳴，吟詠著自然成韻的詩句，好像偶而路過的遊唱詩人，柔美的旋律在森林之中到處飛揚。

我在林下的小徑，循著貝多芬每天散步的足跡，探訪他於耳聾之後，為何還能譜寫如此優美的田園交響曲。在森林裡腳踩陽光透過枝葉譜寫地上的音符，耳際響起儘管潦倒、卻不斷創造歡笑的莫札特，那輕快逗趣的費加洛婚禮。我努力搜尋，盼能一睹嬉遊於森林之中的精靈，不意瞥見翩然成舞的枝條正在撥弄，撥弄曲曲膾炙人口的圓舞曲。我自在的走著，心卻躍然的乘著音符，直向維也納不朽的精神飛去！

森林的下方，藍天整片鋪在多瑙河裡，映出維也納多彩多變的建築：有巴洛克富麗堂皇、對稱工整的奧匈帝國首都霍夫堡宮殿；有哥德式高聳入雲、精雕細琢的維也納靈魂聖史蒂芬教堂；有文藝復興風格造型簡潔、線條明快的國家歌劇院，同時矗立在維也納閒靜的街道上。沿著本為隔開皇家與郊區的高牆，如今已被劃成奧匈帝國紀念光環的環城大道，在市政廳、在國會大廈、在維也納美術館間，品味古典與現代水乳交融的氣質，咀嚼傳統與科技彼此揉和的浪漫；我不想請教精神分析大師佛洛依德，如何在此構思他那偉大的理論，而只想聆聽微風在綠蔭中呢喃細訴的維也納傳說，和可能已被人們遺忘的甜美故事。

來到這裡，只想竭心盡力的玩，因此即使白天已在俗稱美泉宮的聖布倫宮裡，目不暇給的欣賞懸於壁上與繪於屋頂的油畫；並在上宮、下宮之間游走，遍覽精緻華美與林木蔥蘢各異其趣的後花園，到了晚上，仍然不想浪費。我趁著低垂的夜色，撩起一盞盞柔和的街燈時，穿過一個個奢華亮眼而不打烊的櫥窗，逕自坐在廣場的一隅，觀賞正在上演的歌劇。成千上百的觀眾，整然有秩的齊聚在潔淨的廣場裡，除了偶而飄來的花香之外，廣場一片寂寧。我邊看邊想，為何她能年年都被評為最適合人類居住的城市呢？一時之間，頭緒紛繁！

維也納曾是阻止土耳其長驅直入歐洲的要塞，也是奧匈帝國抗禦鄂圖曼人向西挺進的堡壘。戰爭，隨時都會發生；思想，隨時都在激盪。於是維也納長期的、不經意的吸納近東的文化，孕育而成中歐最具特色的文明。歷史走過的足跡雖然鮮明，但卻沒有停住維也納現代化的腳步；科學帶來的衝擊雖然不小，但卻未曾改變維也納典雅、和諧的風格。難怪圓舞曲之王小約翰·史特勞斯曾經寫道：「如果我真的有天分，我首先將它歸功於所鍾愛的維也納。我的靈感、我的力量，全部扎根於維也納的土壤。在維也納的空氣中，隨時飄揚著美麗的旋律；我的耳朵聽到了，我的心陶醉了，我的手就順便把它寫了下來。」

剛到維也納，我驚嘆的說：「地球表面，怎麼會有這麼漂亮的地方！」坐上飛機，情不自禁的再次俯瞰，我想回去告訴故鄉的好朋友：在那遙遠的地方，有一座夢幻的城市叫做維也納，她……

（中國語文七一一期、二〇一六年九月）

三二、故鄉的故事

在一個月明星稀、大地沉睡的夜晚，突然狂風大作，飛沙與走石齊揚，瓦礫和窗門共響；只見來自北邊的龐然巨物掠過屋頂，飛向村外，將整個天空遮掩；伸手不見五指的人們，只能躲在房內又驚又懼。隔天出門一看，今屬伯父的田中浮著一丘沙土，人們把它視為龍珠；而離村莊不遠的外緣，飛來一座小山，正是龍的身體，人們把山命為飛砂崙。這座其實不高、但在平坦的嘉南平原上，仍然頗具威嚴的小山，就是我的故鄉——臺南縣佳里鎮番仔寮的聖山！

盤旋雄踞於北頭洋（意為巫山或女巫之山）的飛砂崙，住著一位健步如奔、疾馳若飛的程天與勇士；他不跑則已，一跑必然叫人瞠乎其後、望塵而莫及。這位勇士雖然置身鄉野之間，每天安安分分的過活，但不脛而走的消息，卻早已名震遐邇。相傳清帝國的皇帝乾隆，為了一睹風采，曾經邀他前去御前，令與駿馬競速。駿馬先加三鞭，程氏方才起步追趕；當串繫髮端的三百多枚銅錢，向後揚成水平線時，他已經遙遙的領先了。如今只要途經佳里南十九線，就能在臺南縣政府為他樹立的「飛番墓碑沿革」前，想望一、二。

爬這座如龍盤踞的小山，左腳才剛起步，右腳就得自沙中拔起；右腳才剛落步，沙已淹沒左腳的足踝。海拔十八公尺、佔地十餘甲的飛砂崙，幾乎全由浮沙堆成，所以想從山脊穿越，或沿著山勢環行，在舉步維艱的情形下，實在有點費力。我們也常走進有樹林、有人家的北頭洋，這裡看看，那裡瞧瞧，待興致一來，大夥爬到朴樹上，摘取朴樹的種子，裝在竹管之中發射，玩起你攻我防的遊戲。飛砂崙、北頭洋，是我們這些小孩冒險、尋寶的大天地。

每年固定的節日一到，家家戶戶忙上忙下，將一道道用心烹煮的菜餚，平整的鋪在竹擔中，然後再以扁擔挑至北頭洋祭祀。只知玩耍、不懂慎終追遠為何意的小孩，總喜歡跟在擔子後面，忽東忽西、忽左忽右，一路玩到山裡。到了山裡模仿大人點香膜拜，煞有介事的行禮如儀，直到夕陽西下，夜幕逐漸低垂，大人才將供品挑回家裡。當時只是覺得好玩，如今回頭一想，原來大人虔誠祭祀的祂，就是我們母系共同的祖先—阿立祖。

數百年前，楊氏兄弟四人遠自中國福建，橫渡俗稱黑水溝的臺灣海峽，落腳在林木扶疏、西拉雅人（平埔族）群聚的佳里境內。年輕單身的先人，各與西拉雅人合組家庭，從此定根番仔寮，枝繁葉茂而成今天散布臺灣各地的楊氏家族；而世居村莊南邊的我們，則屬於楊氏的第四房。早年只要有人詢問為何地名「番仔寮」，立即感覺有種莫名的侮辱；

長大之後終於瞭解，當初先人來到此地，因為眼前都是西拉雅人，才以「番仔寮」相稱。我是貨真價實的西拉雅族後裔，現在不待朋友嘲弄，總是自稱「番仔」一個！

為了尋找海外經商的據點遠渡重洋，最後來到臺灣的荷蘭，下令荷蘭及荷蘭在歐洲各國所雇的傭兵，不但只能隻身前來，而且必須迎娶臺灣的女子。西拉雅是臺灣最早與荷蘭接觸的民族，西拉雅與荷蘭通婚的情形也屢見不鮮，尤其荷人重心所在的麻豆、佳里等地，荷男、臺女建立的家庭，更比比皆是。於是屬於荷蘭人才有的特徵，時常或隱或顯的在身上呈現；而漢人、西拉雅人、荷蘭人匯流而成的血液，也和諧的在我們兼融的血脈之中洶湧。

荷蘭、鄭氏、清國相繼在臺灣的舞臺消逝之後，日本來了。一八九五年農曆九月，日本明治天皇派來接收臺灣的親王途經佳里，被躲在樹上、手持長柄彎刀的義士割頸；義士為了逃避緝捕，一路狂奔，最後閃入當時三層三合院的我家中庭之內。緊追不捨的日軍，在搜尋無著的盛怒之下，放火焚燒，將我家典麗的建築付之一炬，因此姑姑楊雅言女士每次描述這件驚天動地的往事時，臉上仍然殘存不少驚恐。

一八九五年十月，日人正式進駐臺灣，不願臣服的英豪紛紛起義。日軍由布袋登陸，攻陷鹽水，直逼渡仔頭庄（北門雙春村）。身材高大、體格魁梧的外曾祖父，率領義軍身先士卒，手持大旗屹立竹篙山上，號令作戰。可惜壯志未酬，即在日軍的槍彈下犧牲了。

母親林錦雲女士提及此事時，語氣雖然平和，表情雖然平淡，但其內心應該藏有不少的遺憾吧！

二次戰後，蔣介石奉盟軍遠東區司令麥克阿瑟將軍的命令佔領臺灣，駭人聽聞的二二八事變也隨著發生了。風聲鶴唳的二二八，全臺人心惶惶，凡有嫌疑都難逃搜捕，最後竟連稍具影響力的地方士紳，也未能倖免。伯父楊和海先生在世時，只要話匣子一打開，往往痛心疾首的說：「血腥鎮壓的政府，藉著二二八事變的名義，將佳里地區有其名望的精英，全部擠在大卡車上，直接載到西港大橋上，放下臨溪的車擋，然後架起機槍掃射。儘管義士高喊：二十年後還是一條好漢！但栽進橋下的中彈者，卻將愁慘悲愴的河面給染紅了。

今年春節回到鄉下，踩著歷史的軌跡，信步爬上仍然蟄伏的飛砂崙，並走入已被文明侵蝕的北頭洋，摭拾一些猶未改變的記憶。荷蘭人當時為供給飲用水所開鑿的荷蘭井，依然無恙，只是多了幾許古典的韻味。我也驅車駛在筆直的西港大橋上，俯瞰湍急的溪流，憑弔在此罹難的英傑。今天過了還有明天，明天永遠都是一個值得期待的日子；希望走過風風雨雨的臺灣，明天無塵無雲，無限晴朗！

（中國語文六九四期、二〇一五年四月）

三三、故鄉的魚故事

在故鄉番仔寮的南邊，名為北頭洋的小沙丘旁，有一棵蓊蓊鬱鬱的大榕樹，每到夏天，披覆廣達十數公尺的綠蔭，就是人們休憩聊天的好地方。這一棵經春歷冬、不知聳立多少寒暑的大樹，除了遮陽蔽雨、帶給人們無盡的歡笑之外，每天更提供無以言喻的驚喜。晨起，在地人有的提著籃子，有的安步當車的來到樹下，撿取俯拾即得的鮮魚。樹下拾魚，乍聽有些荒唐，但卻千真萬確！

原來群棲樹端的白鷺鷥，日日不辭辛苦的遠自數公里外的海濱，銜魚回來樹上邊吃邊餵；也有重量的魚，並非白鷺鷥狹長的小嘴所能恣意擺弄，因此只要稍有不慎，魚即掉落地上。掉落地上的魚，又鮮又美，通通成為守株待魚者席上的佳餚了。不必緣木即能得魚；古人以「緣木求魚」比喻徒勞無功之舉，看在從前鄉人眼裡，竟然成了少見多怪的成語！這棵為大家所津津樂道的大樹，不知如今是否安在？

故鄉因為離海不遠，魚，並不難得。清晨天還未亮，住在海邊的漁民，就將他們昨夜撈捕的魚獲倒進大鍋裡，加入少許鹽巴煮熟起鍋，隨即裝在長扁所挑的擔子裡，一路叫賣。到了六、七點左右，就在我家門前，等候大家前去購買。才剛起床的我們，看到兩座小山般的魚蝦，顧不得牙還未刷，臉也沒洗，一逕就往魚攤走。有蝦有魚，價錢便宜，母親抓了一些，順手丟在桌上；要多少拿多少，任憑小孩取用。我們把已經煮熟的魚蝦，裝在口袋之中，邊走邊吃，邊吃邊玩，美麗的早晨就在濃濃的海味裡度過。

舊家距離海邊，還有六、七公里之譜，所以海對當時年幼的我們，畢竟陌生。我們時常在下課之後，迎著已漸西斜、但陽光仍然明亮的午後，手持釣竿，相約前去池塘或小溪釣魚。這裡的魚常有，但並不大，我們就在這個不知名的池塘邊競釣。因為是池塘，所以不必甩竿，只要把懸竿的釣線拋入水中即可。眼隨浮標起伏，心卻乘著微風輕颺；你一魚，我一魚，我們在拋線與收竿之間，滿嘴全是魚話！直到天色昏暗，涼風漸起，才踏著蹣跚的腳步，心滿意足的回家。

雨有詩情，也有畫意，我時常佇立窗前，靜靜欣賞雨在空中翩然的漫舞；我也喜歡獨坐桌旁，聆聽雨沿屋簷傾注、雨在地面撒野的情景。但年紀還小的時候，最期盼在溝渠皆已注滿的雨後，手持掃地盛用的畚箕，分做兩頭挺進，將畚箕置於水中撈魚；渠中的魚很小，但偶而也能撈到較大的鯽魚或鯉魚。當魚被撈起，金黃的鱗片在空中閃爍，就是當下最快樂的時候。最後，隨手折取木瓜的葉柄，去其頭尾，一端置於水中，玩起水仗，盡情的慶祝每一次的豐收！

嘉南平原的灌溉用渠，聞名遐邇，嘉南大圳綿密的渠道，不但可以飽足每一畦需水的稻田，而且也是記憶不可或缺的拼圖。水圳有水時，大家光著身子跳入水中，或浮或潛，或漂或划；只要我高興，什麼式都可以，每次都玩得不亦樂乎！水圳停供時，則在已經消退的渠道裡，兩頭以草土高高築起，然後拿水盆將水往外撥，待水淺見底，大家方才七手八腳。魚在群手之間閃動，在水面之上彈跳，大夥臉上興奮的表情，至今仍然歷歷如前！

故鄉沒有加拿大鮭魚溯游騰躍的壯景，也不見奧地利乘著旋律波湧的多瑙河，但原野井然有序的水渠和充滿生命律動的鮮魚，也別有另樣樸拙的風情。也許環境使然，從小就喜歡吃魚；所以即使再忙，只要一回到鄉下，一定撥冗至佳里街上，來碗熱騰騰的虱目魚粥，再配上幾顆已經煮熟的魚頭。有幸來到海邊，也必然會點一條完整的蒸魚，佐著微鹹的海風，享受一個離塵的清閒。從不稀罕什麼山珍海味，每餐只要有魚，就能使我滿心歡喜。因為從小和魚結下不解之緣，所以魚對我來說，不只是美味，而且還有無數甜美的回味！

（中國語文七〇八期、二〇一六年六月）

三四、在故鄉的日子

遠在一公里外的小學，對於當時年幼的小孩，無疑的是個負擔。在那個物資缺乏的時代，很少有人穿鞋子上學。夏天，腳踩在炙熱的碎石路上，必須踮著腳尖小步快走，藉左腳、右腳不斷的交替，才能避免燙傷。冬天，已經冷得有些麻木的腳，只要一碰到地面，馬上又是一陣澈骨的刺痛。尤其在有霜的早晨，當地面平鋪著一層柔細而雪白的冷霜時，就是上學最大的考驗。我的小學五年，就在這樣的日子裡過了。

小學一年級就當班長，班長由於班上諸多的事務，須與老師時常接觸；愈與老師接觸，愈覺得老師如神一般，無所不知。二年級有次到辦公室找老師，看見老師端著便當吃飯，大吃一驚，立即回到教室奔相走告；大家擠在緊連地面的氣窗前，你一言、我一語：「老師居然也要吃飯！」三年級年輕英俊的林宗本老師，不但教得有聲有色，而且常在課堂唱做俱佳的講故事。我心裡覺得奇怪，為何老師講故事還要看書呢？中午休息時，斗膽向老師借書，原來正是天方夜譚。從此像一隻貪饞的小蠶，一本接著一本，四年級已經沒有童話書好看了。於是只好把眼睛望向古典小說，繼續啃食水滸傳和三國演義。因為林老師，我與文學結了不解之緣。

到了五年級，因與班上一位年紀較長的同學齟齬，所以轉到仁愛國小；時任六年二班的黃坤垚老師，嚴肅的臉孔令人生畏，但認真的態度又讓同學感佩。只要一看到他，大家紛紛走避；我們打從心裡敬他、愛他，但絕不敢親近他。我們的教室在二樓，老師必須爬著樓梯上來；上課鐘響，仍然繼續吵鬧的我們，雖然不乖，卻也不敢造次，同學的眼睛一定盯著掛在黑板上方的大相框；因為老師只要踏上二樓，隔著六年一班就能遠從相框的玻璃鏡面上瞧見；老師直到現在應該還不知道吧！每天早上七點準時上課，下午六點才肯放學，絕不浪費一分一秒可以強化同學實力的時間；到了假日，又把四位來自外校的轉學生，叫到家裡看管。此恩此德，常在記憶的深處懷想，希望能有機會再向老師當面請益！

小學畢業，懵懵懂懂的參加升學考試，如願進入為人所豔羨的北門中學。當時教室前面，有一株枝葉披覆如蓋的鳳凰樹，每當六月驪歌高唱，鳳凰花就如火如荼的怒放。紅色的花與綠色的葉在空中相映成趣，極美！但卻苦了負責外掃的學生。沙地本來就不易清掃；紅花綠葉隨意掉落的沙上，清掃時更難使力，於是只得又掃又撿，直到現在一提及，還是有點怕。早上掃完早自習也快過了，下午費盡氣力之後，還得騎上鐵馬，迎著強勁的北風一腳一腳的往家踩，我的初中生活實在有一點苦。

學校東側，有一座習稱為「山」的小丘，在臺南盡是平原的地形裡，的確值得大書特書。這座與北頭洋相同、全由沙子構成的小丘，是校外上工藝課的場所。每次在這裡上課，我總是搶先做好，然後邀約一、兩位同學，一齊跑到山腰上，乘著流動的沙子滑下來。儘管鞋內都是沙子，大夥總是樂此不疲，何況整天都被關在學校，偶而能像飛出籠子的小鳥，跑到外面透透氣，我們怎能不期待呢？

叛逆，是我高中唯一的個性。因不理睬教官的要求，不想拋頭露臉站在街上，對著同學傳遞威脅，於是將糾察的臂章、腰帶、綁腿、記事本放在水泥柱上，騎著腳踏車走了；隔天到校，被記一個小過。我到群虎環伺的軍訓教官室拍桌理論：「為何非當不可？我就是不幹糾察！」結果又被記了一個小過。在叛逆的高中時代，唯一能讓全班折服的共主，就是出身臺大、飽讀詩書且引領我們一窺古典音樂殿堂的黃情意老師。黃老師的身材不高卻活力十足，娓娓道來卻句句引人入勝；炯炯有神的眼睛一張，全班頓時延頸。同學們隨著老師上課的內容而喜而怒而哀而樂，在文學廣漠的天地裡又閱又讀又作又寫。記得高三最後一次模擬考，作文已經佔去四十分的國文，老師竟然給了九十八分；這分厚重的鼓勵，使我日後走在文學的路上，精神奕奕！

我還記得自從新陸出版的希臘羅馬神話打開閉塞的視野之後，羅曼羅蘭的三大巨人傳、莎士比亞的戲劇和西洋的哲學名著，一本本成為高中生活重要的糧食。當大家都在講以歷史為殷鑑時，我說「歷史不會重演，但愚笨的人卻始終重演歷史」；當大家都強調凡人應有主見時，我說「不要把自己的頭腦當成別人思想的運動場」。每天中午吃過便當，我們就不約而同躺在學校操場的西南方曬太陽，你一言、我一語，大家懶懶散散的聊著天，這是一天裡最快樂的時候。

因為求學、因為工作，高中畢業後離開家鄉來到臺北，時常在睡夢中聽到母親的聲音，醒來才發覺是清晨掃街的婦人；走在街上，有時也會看見熟悉的背影，仔細一瞧不是父親，而是一位年老的長者；也許這就是所謂的鄉愁吧！走過從前，雖然再也無法回到從前，但明天同樣照耀著故鄉的太陽，將依然升起！

（中國語文六八〇期、二〇一四年二月）

三五、我的故鄉番仔寮

隸屬臺南縣佳里鎮的番仔寮，是我的故鄉。番仔寮位在佳里的北方，是個典型而樸實的農村。農村的四周全是農田，縱橫交錯的田埂，是人們每天工作的小徑；至於南連佳里街上，北接將軍鄉的漚汪，西往七股鄉青鯤鯓的外環道路，則是番仔寮對外的動脈。村內只有一條主要道路，村民散居於道路兩旁；如從東邊的大馬路，走到村內唯一的延平國小，就能一路看盡番仔寮化外的風情。

村內的房舍，有紅磚砌造、也有石灰夾雜稻殼、竹片的版築；房舍的屋頂，有窯燒的紅瓦、有水泥的灰瓦，還有以稻稈或蔗葉搭蓋而成的茅屋。大都呈現「ㄇ」型的房子，「一」的部分通常是主廳，南邊的「｜」照例是由大房居住。這種室室相通的房子，就今天看來，不但沒有隱私，而且也嫌繁雜，尤其在讀書、在睡覺時，即使躡手躡腳的走、輕聲細語的說，還是有所干擾；但在一切都難以講究的當時，大家和樂融融。

為了貯存稻穀，屋側通常置有囷倉。以茅草搭蓋、以泥土摻雜竹片圍築的囷倉，僅在上方留一小門以供存取。一屋一囷，囷囷渾圓，只要透過低矮的樹籬，就能瞧見這幅美麗的風景。每家都有庭院，每個庭院都養雞鴨；子夜一過，雞只稀稀落落的試啼；但一到早上五點左右，你家、我家的雞，就此起彼落的啼了起來。一聲比一聲響，一次比一次高，仍然昏暗的夜色，被爭先恐後的啼聲畫破；直達天聽的叫聲，響徹整個寧靜的大地。住在當地的人，早已習以為常；但偶而才來做客的人，往往會被吵醒。

早上天色依然朦朧，嬝嬝的炊煙已自各家的煙囪飄搖而出。遠望過去，像輕盈的舞姿在空中隨興的婀娜，婀娜出如夢似幻、隱隱乍現的世外桃源。每當風起，橫溢長空的炊煙，彷彿即將攏聚而成有求必應的神燈巨人，使人充滿希望。喜歡早起的我，時常把番薯丟進竈內烘烤，隨即走到庭院，呆呆的望著縷縷蒸騰的炊煙，享受一個恬謐而抖擻的早晨。

吃過早餐，婦女們拎著昨夜換下的衣服，不約而同的走到小水圳旁，邊講話邊搓洗；話愈講愈大聲，力愈搓勁愈大；待話講夠了，衣服也洗好了。至於男人，除了少數上班族外，大都務農。一畦畦綠意盎然的農田，一條條井然有秩的田埂，在寧靜的原野裡無涯無際的延伸；一個個持鐮荷鋤的農夫，一聲聲沙沙作響的腳步，一齊走向各自的田裡工作。你的、我的長長的影子，錯落的在遠處相疊；而吆喝驅牛的聲音，則紛雜的於原野上交響。管他水漫足踝或雜草叢生，人人赤腳踩在結實的大地之上，日復一日。

南部由於天氣炎熱，日照充足，所以一年除了兩季稻作之外，冬天還能栽種蔬菜雜糧。每到收穫時節，大家會將採收的日期盡量錯開，今天你家、明天我家，齊聚眾人的力量輪流收割。收割當天，主人家必精心準備點心，親自挑到田中犒勞辛苦。點心有湯有羹、有甜有鹹，各家無不挖空心思，以博得眾人的讚美。不管是泥地、還是水泥地，家家庭前必有一塊平整的曬穀場；如果作物太多，只好佔用馬路來曝曬。黃澄澄的稻穀，從各家的曬穀場上蔓延開來，豐收的喜悅則自村人的嘴角揚起；即使毫不相干的路人經過這裡，也能感染一股豐收的歡愉。

在那個資訊並不發達的時代，一切都得靠人傳遞；但靠人傳遞畢竟太累，於是村內每一個里，都裝擴音器。里內有事、沒事擴音器就會自里長的家中響起：「里長報告：農會配給的肥料已經到了，想申請的人請快來登記」，可以廣播：「我有一頂斗笠遺忘在雜貨店，撿到的人請拿來播音站」，也可以播報。里長因為常講，所以還算流利；至於才握麥克風的人，有的支支吾吾，有的欲罷不能，但整個村子沒人在意。白天大家各行其是，晚上則三、五鄰人聚在一起，邊搖紙扇邊聊天，聊到興致一來，有時也會高歌一曲。而圍繞於大人身側的小孩，則在夜蟬、在螢火、在蟲鳴的助興之下，大家頂著繁星點點的夜空嬉鬧；恬靜的小村，此時都是聲音！

恬靜的小村，平時少有外人拜訪，因此只要有車經過，人們一定探頭探腦；如果車子真的停了下來，好奇的村人一定圍到其人家裡，不但左顧右盼，而且爭相噓寒問暖，問得主人、客人不知如何是好？每逢過年過節，更像關心自家人似的逐一點名，只要遠在異地求學或長年出外謀生的人未歸，就會一直惦在嘴上。如今已被文明沐浴的番仔寮，除了年紀與我相仿的人，可能還有這個習慣外，大部分人已經不再好奇。

從前泥濘顛簸的小徑，如今已成柏油平鋪的康莊大道；企想重現記憶的人，時常會在早已陌生的街頭迷惘。有人因緬懷過去而厭惡進步，有人因倡言返璞而拒絕文明，更有人期待別人保持原狀，以維護自己眼中所謂的文化。我想這些思想都是病態，都是自私的表現，為何不設想文化與文明得以相輔相成、得以相得益彰的方法呢？我為番仔寮更文明的今天，感到高興，因為我是番仔寮人！

三六、古典音樂之旅

小時候就讀的延平國小，雖然僻處佳里鄉下，但對課程的安排卻很用心。每天早上第二節下課鐘一響，全校師生就在大操場上集合；以班為主，依曲目而排出不同的土風舞隊形。我並不在乎動作是否優雅，卻喜歡俄羅斯好聽的民謠。又進又退又旋又轉，腳下踩著熟悉的舞步，但內心早已隨著悠揚的旋律，馳騁於俄羅斯空曠的草原上，這是我和音樂正式的邂逅！

考入北中，一向不苟言笑的陳介鐵老師，從五線譜的認識開始，一音一符循序漸進的在原本空白的腦際，譜出一座通往古典音樂殿堂的橋樑。陳老師不但教得認真，也考得嚴格；每次考試，不是唱歌，而是讀譜；同學必須戰戰兢兢的辨識五線譜，精準的唱出每一個音符。如果有人敢在課本上標示簡譜１２３，一定會被痛打一頓，保證下次不敢再犯！

升上高一，得到一臺老舊的唱機，於是把平時捨不得花的壓歲錢，拿去買了一張貝多芬的第六田園交響曲。用顫抖的手提起唱頭，誠惶誠恐的放進唱片細微的聲軌裡，一組組美妙的音符，瞬間響起。我彷彿乘著旋律，輕盈的踩在陽光稀疏的森林裡；好像沿著清澈的小溪，諦聽流水和微風的低語。渴望的心被旖旎的美麗填滿了，滿足的情完全淨化的昇華了，原來這樣才叫幸福！

因想永遠留住這分幸福，於是在當時天真的心裡，激起想考音樂系的大志。我想自己的音感很好，一首曲子只要聽過幾次，就能隨手譜寫下來，如果不唸音樂，豈不可惜！因此很想學習鋼琴。坐在音樂城堡的鋼琴面前，好像攀爬豆藤盜取音樂寶盒的傑克，陣陣驚奇。正當如火如荼縱身投入音樂如浪如濤的大海時，父親生意失敗了。我有些沮喪，只好放棄可笑的念頭；但音樂悠揚的五線譜，仍然深深的刻在嚮往的心盤之上。

當行經播放古典音樂的人家時，彷彿身處沙漠之中而瞧見綠洲，我一定放慢腳步傾心聆聽，並假裝正在尋找東西而來回的逗留。偶而也跑到群樂畢集的唱片行，挑選一、兩張喜愛的曲目試聽，最後才很有禮貌的找個藉口走人！當看到別人口沫橫飛談論軍中的往事時，我卻想起服役臺中利用晚上自由活動的空檔，潛心學琴的情形。這位文大的音樂教授，答應只要有時間，每天都能前去練琴。我又買了一把吉他，無師自通的依照樂譜苦學。因不喜歡自彈自唱的民謠，也彈不出佛拉明哥的狂野，所以只求輕輕的撥弄，盡情享受琴弦脈脈傾訴的深情！

走出學校，站上講臺，終於買了一套音響。因為是聽音樂，而且是聽古典音樂，所以只要如實傳導的擴大機和忠於原音的喇叭，就能滿足聆賞的需求，而不必仿效音響玩家每次砸下大錢，只是為了耳朵幾乎無法辨別的音效。我從指揮家各具特質的智慧裡，欣賞管絃樂團風格有別的和諧；在歌劇曲折的劇情中，領略聲樂蕩氣迴腸的魅力。邊聽音樂邊識樂理，邊讀傳記邊看評論；只要和音樂有關的活動，全都好奇；凡是描寫音樂家的電影，一定欣賞。在我家裡電視並不常開，但音樂隨時都有！

一首曲子還未體會，可以反覆的聆聽，但我無法忍受單調無趣的街頭歌曲；整天都在忙碌，不會感到厭煩，因為我有心儀的音樂家常相左右：寫作時，蕭邦的夜曲陪我思考；校對時，史麥塔納的交響詩一起親歷；休息時，柴可夫斯基的隨想曲邀我同行。平時埋頭工作的同時，除了絕少停歇的走筆聲外，只剩隨著文字躍動的音符。音樂，是我生活的重要元素；如果少了音樂，我的人生必然有所缺損！

我會吹口琴，但吹得不算好；會撥吉他，但撥得不夠精；會彈鋼琴，但彈得不像樣。對於古典音樂，我無法實際參與，但能當個悠閒的旁聽者也就夠了，悠閒得每年從維也納新年音樂會、拉開音樂盛宴的序幕開始，恣意聆賞！

（中國語文六八七期、二〇一四年九月）

三七、柔美的日月潭

有的山沒有無所謂、也不見有所謂的坐著，就是那麼自然的坐著，卻已坐出一襲閒靜的悠然；有的山不在乎、也未顯得並不在乎的倚著，只是如此即興的倚著，卻已倚出一片恬淡的和諧；有的山數峰相聚，隨意錯落，不待言語交談，也無須眼神顧盼，在無聲與無意之間，早已飄灑一地寧謐的優雅。

如果山是不諳人事、既天真又無邪的男孩，那麼湖就是還未涉世、既純潔又無機的少女了。盈盈的水，彷彿即將溢出湖岸似的，將環湖的山整個倒映；粼粼的波，在微風陣陣吹拂之下，把綿亙的山一座座盛起。足以容下古往今來所有的時空、能將歷來紛擾的人事一併沉澱；日月潭澄澈的水在寬廣的湖面搖曳，而怡然的山則與碧綠的湖、自成一個隔絕人世的水沙連。本來只想下車舒筋解勞，伸展一下手腳，不覺愈走愈遠，最後竟在湖畔陶然的坐了下來。

曾經忘情的徜徉於此，也一再前來湖畔盤桓，可是自從前仆後繼的遊客，把此地漂染而成庸脂俗粉之後，我以為這裡已經淪為充斥著喧嘩與叫囂的世俗之地，甚至今天是否選擇路過，內心都還得掙扎半天。不意再次與湖相遇，依然柔美的她，依舊能夠悸動這挑剔的心絃。山是柔美的，柔美的山使人可以輕鬆的看，而沒有冷漠與震懾的凜然；湖是柔美的，柔美的湖使人只想慢慢的走，走在本供騎乘的腳踏車道，走進湖邊幽深的小徑，走入成蔭成林的樹叢之中。我的眼不管落在何處，都是美麗；而心早已在逐漸瀰漫、逐漸迷失的氛圍裡，怡然忘了它那段被迫入世的曾經。

辛棄疾賀新郎說：「我見青山多嫵媚，料青山見我應如是。」嫵媚，應該是辛棄疾遍嚐滄桑、歷經浮沉之後，深入世俗而被同化的字眼；嫵媚雖然美，但在人事與禮俗的制約、成熟與練達的洗禮下，可能失去美之所以為美的真。因此用嫵媚來形容日月潭，猶如以圓滑來描寫少女，不是稱揚，而是褻瀆。因為日月潭的美，不是童騃無知，而是本色獨具；不是豔冶撩人，而是一派天然。日月潭不勞蘇軾淡妝，也無須像西湖一樣的濃抹；辛棄疾眼裡的青山是嫵媚的，但我覺得唯有柔美，才能將真正的日月潭鉤勒出來。

日月潭線形柔美的山，有如印象派粗獷的畫作，再經由古典畫派細緻的修飾後，不但情景渾然相融，而且筆觸一清二楚。日月潭輕盈柔美的湖，不是史麥塔那暢快流奔的摩爾道河，而是柴可夫斯基自成境界的天鵝湖。偶而被遊艇穿越的寧靜，猶如驟被畫開的水面，隨即被無瑕的空氣癒合；遠處有時入耳的人聲，好像突然自湖中升起的水泡，馬上在茂密的森林上端消逝了。這個入世已久卻不染塵煙的日月潭，即使經過遊客一再蹧蹋，依然美麗如昔，一點未減原有的風采！

我不是民族學家，不用探討邵族來到此一靈山秀水的前因後果；不是生態工作者，不必詳細解說環境地質與周遭的農作活動；我也無須瞭解難懂的宗教信仰，假扮一個立即融入而心仍懸在臺北的過客，煞有介事的裝模作樣；我要徹徹底底的放縱自己，做個偶而闖入此一祕境、卻又欣然忘我的遊者，在藍天與綠水相互輝映的綺麗中，在遠山與近水彼此凝視的脈脈裡，盡情遊唱，遊唱一曲就在眼前柔美的傳奇。

除了出國之外，很少事前規畫，但像今天這樣的路過，確實意外，意外的被日月潭的美景攔截了。看山、看水、看盡天下的美景，是我的心願；但我不願被人、被事、被糾葛不清的世故所攔截，除了美景；因為位處臺灣心臟的高山湖泊、隨時散發璀璨光芒的日月潭值得！

（中國語文七一四期、二〇一六年十二月）

三八、澳洲綿羊印象

像冬天才下的初雪，皎白的綿羊沿著和緩的山坡，一路鋪展。滿山遍野的白，把本來應該盎然的草地全數掩蓋；綠，只在羊群移動的瞬間，才能像浮在天上的煙雲一般，乍隱乍現似的驚鴻一瞥。在驚鴻一瞥的綠裡，看到數大便是美的白，又在數大便是美的白裡，瞧見萬白叢中一點綠的驚喜；我在整片的白與點點的綠中，貪婪的攫取澳洲才有的美麗。

僅只白與綠兩種單純的顏色，就已形成如此壯麗的景致，誰說唯有繽紛才能煥發絢爛的色彩呢？我試著走入羊群之中，綿羊友善的讓出一條只許側身而過的小路；伸出手來，試圖撫觸溫柔的羊毛，分立兩旁的綿羊卻好像迎接遠來巡視的國王似的，紛紛吐出牠們虔誠的舌頭，恭恭敬敬的舔吻著手。我就在綿羊的簇擁與無瑕的白裡，慢慢的往上走，走到天空低垂、彷彿就要被樹穿透的山頭。

站在山上往下俯瞰，白，仍然籠罩整個山野；無邊無際的白，環著山坡蔓延，直到視力所不及的彎處，才被蔚藍的晴空取代。頭頂著藍得清澈的晴空，腳踩在白得如雪的大地，我恍如可以呼風喚雨、支配一切的造物者，正以雙眼的慈悲，享受子民歌頌的美景；我下意識的把手張開，想為大地添加一點色彩；誰知道手才打開，心馬上命手縮回，因為美得如此單純、如此飽足的景，無須畫蛇添足！

放眼眺望雖然愉悅，但卻不如身歷其境來得真切，於是環著山坡，信步走向綿羊較少的草地。愈往前走白色愈少、綠色愈多，在白與綠不斷消長之下，回頭一看，剛才大片大片熟悉的景，此刻只剩一隅著在山坡邊緣的白；白在藍天與綠地、在已經有點遠的視野裡，更有一種可望而不可及、只能遠觀而不能褻玩的美感。一座並不怎麼高崇的山，因為成群的綿羊，卻化為只能想像的夢幻之地，我的頭腦在不可思議的景裡，似乎沒有邏輯。

唯恐失去這群美麗的綿羊，我的心情有點急，不禁加快腳步往回走，冷不防一個並不起眼的小坑，居然把我絆倒。正待爬起身來，眼前突然呈現數以萬計被白色羊毛包覆的羊腿，只剩一截短短的腳叢立在翠綠的草地上。短短的腳有如矮矮的樁，一根根穩穩的釘在草地似的不動不移；短短的腳上有厚厚的毛，厚厚的毛上有渾圓的身體，乍看好像支支過度膨脹的棉花糖。僅以這四根瘦削的小腳，竟能撐住肥肥胖胖的身體，似乎並不對稱，但從緊緊相挨的羊群看去，卻是一野和諧。剛才失去邏輯的頭腦，頓時豁然開朗！

整個下午，都在山上逗留，我實在捨不得離開這群可愛的綿羊。我無法想像身為一個牧羊人，每天必須驅羊上山放牧的辛苦；但我覺得如果能在柔軟的山坡放牧，讓微風將悠揚的牧笛聲，遠遠飄送；把在藍天與綠地之間醞釀的美感，一句句寫成優美的詩篇高聲吟唱，我將遠離這個朝九晚五的世界，過著日出即起、日沒即息愜意的生活。但入世已深的人，真的能夠放下一切嗎？

滿懷愉悅、心滿意足的回到車上，卻也悵然若失、無限依依的頻頻回首。多麼希望我所鍾愛的綿羊，有如到處氾濫的大水，溢滿整個街道歡送我；我也期盼成列成行、甚至成群結隊的綿羊，正大搖大擺、理所當然的穿過車前。把頭轉向兩側，沒有意興闌珊的羊群，沒有沿途警戒的獵犬，更聽不到愈來愈近的牧笛聲；只見四野寧靜的大地，業已迷濛！

三九、路易絲湖速寫

位在加拿大西部落磯山脈上，由韋特、美景、萊費、維多利亞諸山緊緊環抱的路易絲湖，原為維多利亞大冰河的一部分，後來因為下截的冰河融化，於是形成這個如夢似幻的湖泊。終年積雪的冰山、始終高聳的峻嶺，在翠綠的森林、在寧靜的湖泊相互掩映之下，無論什麼時候，不管任何角度，都能看到一幅清麗脫俗的圖畫。

每年春天，維多利亞山上看似輕盈、其實厚重的雪融化之後，潺潺注入形成這個藍色的湖泊。湖水平靜，只當微風吹拂時，才會綴起圈圈的漣漪，在陽光照耀之下，熠熠生輝；彷彿千顆萬顆晶瑩的墜子，大方的灑在湖面之上，點亮原本已被俗務蒙蔽的雙眼。湖水澄澈，不管是人、是樹、還是山，都能由於藍天白雲的烘托而於畫中呈現。如果你肯蹲下身來，終年四度的湖水，馬上順著你的指尖傳導，以她那初始的淳樸，喚醒你從前的率真，並引起你我心靈陣陣的悸動！

路易絲湖的美，美在不染塵煙卻可觸可感，美在難以想像卻纖毫畢陳。在這裡，即使閉起雙眼，只用皮膚感覺，也能清楚分辨路易絲湖特有的氣息。尤其早晨湖面籠罩在薄薄的霧裡，看似透明，卻有些許朦朧，湖在透明與朦朧之間，若隱若現，彷佛罩著薄絲的蒙娜麗莎，靜靜的躺在水氣瀰漫的大地；渾然一色的景，卻有萬種別致的風情；人在全然靜止的湖面上，眼睛不禁忙碌了起來。

本來迷濛的湖面，像被揭去面紗似的，隨著透出雲層的曙光，逐漸明朗。逐漸明朗的湖，像少女清純的眸，眸裡還未揮灑的青春，早已在無邪的憧憬裡洋溢；像由群嶺護衛的大寶石，落磯山脈鮮明的稜線和造物者大器砍削的輪廓，都在這顆柔美的寶石上，歷歷分明。不必楓丹白露淒美的愛情故事潤飾，也不用羅馬競技場古舊的城牆妝點，自然美麗。難怪世界旅行雜誌，年年把她評為全球十大名湖之首！

沿著湖畔，輕輕的踩在閒靜的小徑上，只見清榮峻茂的針葉林，簇擁而成一座座樹海，迎風飄送醉人的涼意；有的正以競長的枝幹，向人展示生命的韌度；有的則在悠然的飄搖之中，倚著圖，倚著畫，倚出一地恬然的亮麗，兀自散發濃郁的美感。毛裡間有白色條紋的松鼠，愜意的在林間穿梭，將狀若沉思的早晨，輕輕蕩漾。而散落在湖邊的嬰粟，則精神矍鑠的擎起豔紅的花朵，向人炫耀。典雅工巧的城堡飯店前，有色彩繽紛的花草，有綠意盎然的野地，有倒映晴空的湖，有皚皚白雪與湖相映的山，還有無數如痴如醉深情凝視的人！

來自世界各國的遊客，絡繹不絕到了此地之後，有的駐足欣賞，愈看愈沉，往往忘了自己置身何處？有的環湖散步，邊走邊停，最後只好倚在樹旁，發出一聲聲長長的讚嘆。路易絲湖的大，使你我得以優遊自如，各據一隅慢慢的品嚐；路易絲湖的美，使大家成了詩人，個個都能講出從未講過、如詩一般雋永的語句，所以人們為了紀念英國維多利亞女王下嫁加拿大總督的公主，特地把她命為「路易絲湖」。

如果可以，我想在城堡飯店化身為一名遞飯遞菜的小侍者，趁著眼睛的餘光，隨時偷瞥窗外美麗的湖光山色；如果可以「讓我們一躍跳進小舟／在湖水的湧動聲裡／放下手中的舵／丟去那划船的槳」、「在柔和的月光下／使我們沉醉的心靈隨風飄搖／任微風在蘆葦叢中沙沙作響／任淙淙的湖水碧波蕩漾」（Mihail Eminesca 湖）；如果可以，請讓我將明淨無瑕的湖水，款款注入心底，使路易絲湖隨時在我的心上，輕輕撩起！

（中國語文五一四期、二〇〇〇年四月）

四〇、在雪霸農場

才一下車，就被眼前的美景吸引住了！一座座連綿相銜的大山，一群群攜手並立的峻嶺，沉穩的閒適的橫亙在眼前。想把視線移開，但身體早已膠著；想環視一下左右，眼睛卻已不聽使喚。沿著稜線緩緩的移動，我捨不得遺漏任何一個小景，任何一絲飄在嶺間稍縱即逝的白雲，我凝注、我專注、我傾注的望著！

全是翠綠、全然磅礴、全都巍峨的大山，乍看連成一景，其實景景自有風情。我在稜線之上蜿蜒，在參差起伏的峰頂，發現有的嚴肅，嚴肅得令人不敢逼視，逼視那君臨天下的凜然；有的開朗，開朗得讓人直想前奔，奔向那一望無際的長空；有的冷豔，冷豔得足以拒人千里，拒絕對美貪婪的窺瞧；有的平和，平和得似乎可親可近，使人企想投入它的懷抱。用心品味大地隨興的擺設，用情欣賞造物揮灑的壯景；愈想看個仔細，愈覺有所疏遺；我在懷著驚喜、渴望一眼掃視所有的美景，又唯恐有所疏遺，一再的頻頻回顧之間，忘了車門仍然開著！

關上車門，正想提起行李走向小木屋時，冷不防一道恣意撒野的霧氣，迎面襲來。直覺的奮力抵擋，將霧撥開。誰知道雙手還在空中，霧氣早已消逝。四下尋訪不著，頓覺有些失落；我情不自禁的將眼投向剛才的視野。本來萬里晴朗的天空，只那轉瞬，業已蒙上一層薄霧；薄得如煙如絲，薄得若有似無的霧，披在雄偉的山上，不是遮掩，而是烘托，山在有些縹緲的隱約裡，益發高聳；而綠在無垠的蔓延中，顯得更為壯闊了。

過午的山上，涼意漸生；我欣然飽飫美景的雙眼，有些模糊。用力的眨，用手輕輕的按，想將疲累的視力恢復，但遠山卻更朦朧了。我不信邪的仔細一瞧，原來起自山谷的嵐氣，冉冉升起；冉冉升起的嵐氣與滿天瀰漫的霧氣相融，霧更濃了。更濃的霧從更高的天際，如幕如席一分分的挪移，一寸寸的降臨，整個大地頃刻成為一片漂浮的世界。人在霧中游移，山在嵐裡晃漾，偶而谷風習習，將霧捲起；霧在空中如坍塌的瀑，如傾瀉的河，待回過神來，霧早已取代了一切！我提著行李，醺醺然的向小木屋走去！

高山的空氣比較清新，尤其在兩千多公尺的雪霸，更有一股獨具的涼意。有時直下三百公尺，仰瞻數十丈高的巨木之後，癱在農場東側粗獷的木椅上，遙望氣定神閒的大山；有時訪尋似無盡頭的瀑布，享受鳥語一路嘹亮的歡愉之後，倚著木椅前面的欄杆，追逐饒富變化的天光雲影；我也喜歡悠然的走在雲霧步道，欣賞頑皮的雲自腳下狡黠的溜過之後，回到農場熟悉的位置上放空，讓空靈的心乘著想像的眼，與山纏綿。「我的靈魂像一張琴／被無形的手指撥彈／暗暗獨唱一首『大山』的夜歌／為多彩的幸福而顫抖」（尼采威尼斯）。這幾張椅子，這裡潔淨的空氣，還有這一簾綿亙的遠山，不醉也難！

從雪山到大、小霸尖山，百岳爭相矗立而成臺灣最美的聖稜線。環著這條聖稜線的觀霧、雪見、武陵，就是大家習稱的雪霸國家公園。雪霸三大遊憩區，我最喜愛觀霧，而距離觀霧最近的雪霸農場，當然就是每次歇腳的首選了。置身在這個景與物渾然天成的農場，不必勞神遠赴樂山林道細數聖稜線上諸多的百岳，這裡就能忘卻營營；不用費心攀上大、小霸尖山，這裡就能離塵盤桓。因為山就在眼前，而就在眼前的山，座座絕美！

後記

初次來到雪霸農場，冒昧的向范增達場主要了一株藍莓。眼光獨到的范場主，先後引進多種藍莓，經由不斷的嘗試與多方的改良之後，臺灣的藍莓王國卓然成形。在藍莓難得一見的時代，范場主不惜心血外流，割愛送我一株，從此我對雪霸農場有股莫名的親切感。十五年後再度來到此地，雪霸農場在范場主雄心的擘畫與兢業的拓展之下，早已成為雪山與兩霸之間最典麗的城堡。如果你想感受自然與文明交融的美景，這裡就是最好的選擇！

（中國語文七〇九期、二〇一六年七月）

四一、走在蘇格蘭高地上

望向與天交際的地平線，攫取一點略嫌憂鬱的蒼茫；在空氣躍然鼓盪的依稀裡，悠揚的笛聲隱隱響起。當我走在蘇格蘭高地上，彷彿看到一位傲岸山頭的風笛手，手持羊皮風箱盡情的吹，嘹亮的笛聲承載苦澀的輝煌，自遙遠的過去穿透而出，響在人們緬懷的心坎。任絢麗多彩的披飾，隨風飄逸；將工整別緻的格子呢裙，輕輕漾起。讓氏族燦然閃耀的條紋，印在藍白交錯的大旗上，飛颺橫越時空的風華。

不是月光正在庭院閒適的散步，而像太陽沿著草原闊步前行。陌生的熟悉，正從古老的傳說甦醒；傳說的風采，則再次於世人的面前呈現，並隨著頗有涼意的空氣，逐漸橫溢！涼得頗有寒意的空氣，溼溼潤潤，不是料峭的春寒，而是高地凜冽的冷。這種凜冽的冷，冷得足以將人渙散的精神凝聚，而得以自然的專注；冷得足以擺脫習常的庸擾，而好奇的走入時光隧道中。

踩在聖安德魯球場柔軟的草地上，溫存牧羊人竿起球落的歡愉。我想探查不見五指的洞窟，拜訪協助締造王業的大魔術師梅林。然後直奔亞瑟王拋置石中劍的大湖，揭開美麗的謎底，雙手顫顫巍巍的把劍托起。最後怡然的坐在尼斯湖畔，端詳平靜的湖面，是否再次湧起滔天的巨浪；瞧瞧泛著波光的湖水，是否隱藏不為人知的祕密。想把神祕的面紗緩緩揭起，一睹水怪真實的面目；又怕揭去面紗的尼斯湖，從此失去引人入勝的魅力，希望水怪能夠探出頭來指點。似有所待的在湖畔徙倚，在頹垣殘壁而拙然成趣的城堡內踱步，恍惚之間，水怪已自尼斯湖的湖面升起，眈眈對我！

因位處海拔兩、三千公尺的高緯度上，所以一座山頭又一座山頭，一片谷地又一片谷地，不像森林如濤如浪的互競高下，而是青草有如大水氾濫，在坡緩如流又起伏有致的高地上，無垠無涯。蔓生的草地有英雄烙下的足痕，也有如風低語的嘆息。我想將威廉·華萊士在史特林橋上，英勇擊潰英格蘭的事跡，大聲吟詠。我悄悄走進聖十字皇宮，閱讀瑪麗皇后多舛的命運，並將她一生的坎坷細說從頭。我盡情的分享榮耀，感慨的親撫傷口；在時光的迴廊裡，左右擺盪。整個蘇格蘭高地，都是故事！

舉起石蘭草泥炭釀造的威士忌，從斑斑史跡的大道，折入幽幽軼聞的小徑，在優雅的羅莽湖邊淺斟低唱；在風光旖旎的湖上，品一則醉人心絃的故事。無法得知被俘的詹姆士戰士，靈魂是否回到羅莽湖，如願的與朝思暮想的她相會？我的眼在碧波蕩漾的湖上搜尋，心早已沉入深不可測的湖底，一起低回。美麗的景致本來就很動人，美麗的景致加入淒美的傳說，明淨的羅莽湖早已在多情的眼眶裡，淚光閃閃。只是，浮在藍天與翠嶺之間的羅莽湖，依然柔美！

多少絕對今已不再在乎，多少偉大早已風輕雲淡；我站在慘烈的戰場遙想。如果因為戰爭才有可歌可泣，那麼慘烈就是一種悲劇的浪漫，而被迫參與的人，都是英雄；原來人與英雄，只是名詞的轉換而已！經過時間的醞釀，在這個洋溢著酒香、到處散發出歷史芬芳的蘇格蘭高地上，所有的悲劇都已化為濃郁的甜美，我要佐著這些甜美的軼事，一躍而入恣意喧騰的曾經，把酒言歡。懇請縱橫高地之上的風笛手，演奏一首古老的高地之歌，讓遠道而來的人，也能在悲喜之中盡情浮沉。

抖落一身塵煙，懷著憧憬來到這個隔海鄰接冰島的北國，我的意識隨著不羈的氣流漂泊；沿著曾被烙印的軌跡，走在碧綠的草原上，俯身拾起人們掉落的記憶，我要將這些如珍如珠的記憶，串成一條晶瑩的項鍊，到處展示。我貪婪的眼，有如迷途的鷹始終盤旋；不由自主的腳，則用力踩在藍天披覆的草原，企想在廣漠的高地上，也能留下曾經走過的足痕。在這裡，沒有人聲，沒有鳥鳴，夢境與現實也沒有邊線。我若有所思的走著，走在漫無邊際的草原上，思緒則與蘇格蘭高地的從前，一樣悠遠！

四二、早　餐

到維也納旅遊時，信步走進一家超市，好奇的瀏覽架上的商品。突然看到一瓶深綠色的東西，隨手拿起來一看，原來是南瓜子油；在臺灣對於南瓜子油還很陌生的當時，我本著嘗試的心情買了一瓶。回到旅館，打開瓶蓋，濃郁的香氣好像才剛甦醒的原野，在太陽的照耀之下，自然吐納的氣息；又彷彿剛從新鮮的南瓜冷壓出來，尚未完全融解的綠色，仍然清新的在瓶裡蕩漾一般。於是再度回到原來的超市買了一箱，準備帶回國內。

說明書上說南瓜子油可以當沾醬、可以和麵條，也可以調做沙拉。好不容易才買到的南瓜子油，當然捨不得隨便耗用。每天早上，先把土司烤好，然後各倒淺淺的一碟；每人撕著土司沾南瓜子油，讓迷人的香氣在口中、在室內，芬芳的開啟美好的一天。從此兩片土司、一碟南瓜子油、一盤生菜、一杯果汁，就是我們制式的早餐。南瓜子油沒了，就以電話向奧地利的廠商訂；如果早餐還想奢侈一些，就以蛋皮裹著切碎的蔬菜一起煎捲。二十幾年來，我們因為可口的早餐而樂在其中，而滿足的過著每一天。

最近，偶然翻閱健康方面的書籍，才知道國內正有為數不少的人們，每天都以五穀米或十穀米做為主食。改變一下也無妨，主意打定，於是懷著嘗試的心情，到有機商店選購。在商品架上看了半天，不知道該買些什麼才好？恰巧有一位年紀稍大的長者，主動過來告知十穀米的作法。我希望能把細節記下來，這位先生不以為忤，大方的邀我們到他在附近的家裡，請他太太詳細說明，並將煮十穀米及保存的方法，當場示範。一場奇蹟式的邂逅，一次足可懷想的感動，至今我們仍以「神仙」稱呼這位先生。

原來晚上先把定量的材料清洗後，放入冰箱內八小時，讓薏仁、蕎麥等食材軟化，隔天早晨才以電鍋蒸煮。因為一次調配的分量不少，所以煮熟冷卻的十穀米，可以分成數分存放冰箱冷凍，一來保鮮，二來也較省事。我想：與其煮過再放進冰箱冷凍，不如將調好的材料均衡攪拌之後，裝入罐中，每次只取夠吃的分量就好。因這種改良式的作法，每天都能吃到現煮的早餐。

顧名思義，十穀米是由十種麥類、穀類與蓮子組合而成。但要挑選這些材料，也的確讓人傷透腦筋。後來，我們聰明的認為，只要選擇文明國家較可靠的有機產品即可，否則寧缺勿濫；至於惡名昭彰的國家所生產的東西，再便宜、再好看都不買。選擇較有信譽的有機商店購買；如果記錄不佳，則少去。主意打定，從此不再猶疑。有時也會加入堅果、椰棗等一些自以為營養的東西；因為十穀米的彈性運用，每天的早餐也愈來愈多樣了。

空腹先吃一顆蘋果，有時也加些藍莓、櫻桃或奇異果；喝一大杯蔬果汁，有時再搭配一碗熱騰騰的十穀米粥，這是近年來常吃的早餐。當然，我們還是喜歡從前的南瓜子油，和購自澳洲的沾醬維吉麥（Vegemite）；所以西式、臺式就在餐桌上，輪流變換。我們的生活一向簡單，餐桌上的變化並不多；但這簡單而不多的變化，卻是每天快樂的泉源。也許，這就是所謂的知足常樂吧！

四三、蘋　果

如能看到蘋果，就會覺得幸運；如能聞到香氣，就會感到滿足；如能分得薄薄的一片，肯定口齒留香，隨時都會想起美妙的滋味。在那物資缺乏、一切仰賴進口的時代，蘋果只有生病的長者或富有的人家，才能偶而看到；至於一般家庭，只能在想像之中，當做未來努力的渴望。

蘋果亮麗的外形，有如麗質天生的女孩，即使自然的懸在枝條之上，也彷彿是夜裡綻放光明的小燈，叫人想刻意的忽視也難。明明不是花朵，蘋果卻有怡人的香氣；這種淡而濃郁、又濃而淡遠的香氣，不管遠聞或者近嗅，都能引起美好的遐想，並沉浸在醉人的氛圍裡。蘋果甜而不膩、脆得剛好的果肉，老少咸宜，都能享受美妙而又溫馨的歡愉，何況蘋果還有美得可以想像的花朵！

曾在美國看到綠意盎然的蘋果樹上，掛滿綠得青翠的蘋果；蘋果在枝葉之間，田田的閃著油油的亮光，不必添加顏色，滿樹的綠本身就是一幅豐富的圖畫。也曾於披著又青又綠又黃又紅的樹下，任憑繽紛的、多變的色彩，在眼前蔚成一樹美麗的夢幻；在燦爛的陽光下，展示秋熟的喜悅；在微風的吹拂裡，蕩漾一襲迷人的詩意。

如今，已由貴族走向平民的蘋果，如山如海的堆在水果攤上，已經褪去高貴的風華，而變成人人都買得起的平價水果。儘管如此，亮麗、優雅的蘋果，仍然深深的吸引著我。當蘋果成熟時，我們會驅車直上福壽山，在嫁接數十品種的果樹之下，欣賞顆顆各異其趣的果實，向把蘋果引進臺灣的始祖按讚。然後再去展示場，狠狠買個幾箱回家，慢慢享用。尤其是又甜又脆的蜜蘋果，一定非吃不可！

臺灣每年七月，陸陸續續就有名為秋香、青龍的蘋果供應；直到十月以後，蘋果的主角—蜜蘋果才華麗的、隆重的登場。果肉常有透明狀的蜜蘋果，不但甜得甜美，而且又香得芬芳，只要咬上一口，保證讚不絕口。但因產量不多，所以不肖商人就以外皮可以魚目混珠、口感能夠勉強彷彿的南非蘋果冒充。其實南非蘋果的果肉粗糙，那能和細緻多汁的本土蘋果相比呢！

數十年如一日，每天早上空腹時吃一顆蘋果，早已成為生活上的習慣。雖然蘋果的果皮含有豐富的櫟酸，但因蘋果只要碰撞，就會逐漸向內腐壞；除非才剛採摘不久的新鮮蘋果，否則寧可削皮以求心安。蘋果去皮之後，容易氧化，白皙的果肉很快就會變成褐色；因為不想將果肉浸泡鹽水，而希望吃到真正的新鮮原味，所以總是留到最後再來處理。

七月以後的產季，我們選擇本土的蘋果；到了上半年，只好選購外國進口的蘋果。

我們不以大小論優劣，而以新鮮為唯一的標準，最好是有機栽培，其次才視其外形。因地球傾斜二十三・五度而有分明的四季，因地球有南北半球而使蘋果整年都有。生為一個地球人，每天都能吃到秀外慧中的蘋果，真是幸運！

我喜歡青翠欲滴、自然成型的蘋果樹，更喜歡站在結滿果實的蘋果樹下，享受大地豐收的歡愉。可惜臺灣農民為了施作的方便，蘋果樹往往修剪在一定的高度之下，甚至以木條壓抑成傘狀或蓋狀，無法展露果樹應有的美感。如果能在山上有塊土地，我一定種一棵高大挺拔的蘋果樹，向每一位路過的朋友綻露美麗的笑容，並為他們留下最美好的記憶！

四四、門 外

「這是什麼花？」「這朵花好漂亮喔！」每當冬季來臨，茶花開始綻放，我們照例會將山上栽植的茶花，搬到自家的大門前。

起先大家還會納悶，明明就是普通的街巷，為何兩株茶花就使大家的眼睛為之一亮？明明昨天才經過這裡，為何今天就冒出一隅美麗的街景？瞧著大家滿臉狐疑又滿懷喜悅的表情，我們不想多做解釋，只希望從家門前經過的人，都能感受一股比春天還要晴暖的冬！

我們喜歡坐在室內，喝茶聊天，把繁雜的瑣事暫時拋卻，使偷來的浮生半日之間，能在最無拘、最從容、最自在的氣氛裡，一邊舉起來自高山的好茶，一邊聊著今年的茶花，享受一個全然放鬆的 tea time。喝高山的好茶，聊無機的話題，但隔著鐵門的人聲，卻像頑皮又好奇的精靈，有事、沒事的就從門縫鑽了進來。

發自人心的言語最美，脫口而出的稱讚最真。只是兩盆花，卻能贏得大家如此多的注意，絕對始料未及，但我們還是很高興。有時大家議論紛紛，紛紛的說這說那，辯這辯那，辯到最後沒有結論時，我們仍然默不作聲。有時你一言我一語，大家一起來猜謎，猜猜這是什麼品種？這家人為什麼能夠種出這麼漂亮的花朵？就在一連串的問號裡，我們已在心裡一一的回答。有時此起彼落的讚嘆聲，在這條並不特別寬敞的巷陌氾濫；即使從來不以為意的人，也因這些讚嘆聲而停下腳步，而多看兩眼。熱絡的門外，悠閒的室內，整個冬天就在這種美妙的情境之中悠然徜徉。

我最喜歡住在不遠處一位還在幼稚班的小男孩，總是不管祖母在背後聲聲叫喚，只要一回到這條街上，就三步併做兩步，氣喘吁吁的跑到大門前，按個門把匡噹一下，並在門前指指點點的說，自顧自的欣賞，自言自語的又問又答。我們不但不會因此感到困擾，反而因為這個小孩的純真與可愛，使我們每到熟悉的時刻，就有些期待。

我發現在大家凜然不可侵犯的臉龐之下，其實都有一顆與生俱來的赤子之心；這顆赤子之心不是不見了，而是沒有適當的情境讓它出現。我看到緊繃著臉、緊抿著唇，手提公事包而走起路來正經八百的上班人，一看到花，馬上露出與其裝扮完全不搭的笑容；不但把臉笑開了，而且也笑出一臉無邪的憨態。我看到一身靚裝、打扮入時的妙齡女郎，腳蹬著高跟鞋，手掛著名牌包，格格作響的婀娜而來。但當走到花前，看似冷豔而不屑旁顧的小姐，突然不惜形象的爆出讚美的驚嘆聲，溫柔的傾身向前凝視，然後順手拿出手機喀嚓、喀嚓的又是照、又是與花自拍，折騰半天才挺起身來，格格作響的歡喜而去。我們喜歡被期待，當然也不會讓有所期待的人落空！

只是一個偶然的想法，卻使我們每到冬天，都能享受如此快樂的氛圍，也讓曾經一睹花蹤的陌生人，變成每年必定來此巡禮的「候」人。種花是一種樂趣，賞花是一種幸福；從來沒有想過把花擺在門前，只想美化居住環境，只盼能天天看到自己喜愛的花朵，並讓芬芳的香氣隨時飄進窗來，居然能帶給自己、帶給大家這麼多的歡樂。如果有天你經過我家門前，請你也來參加我們冬天的賞花盛會吧！

四五、出遊

在孩子還小、不用每天上課的時候，時常興致一來，就把一家大小日常所需的東西，塞進行李箱裡，開車上路。

在臺中與南投的山區蜿蜒，在群峰與翠谷之間的森林徜徉；沿著一路遊吟的小溪前行，讓綠色的微風輕扣塵封已久的心靈。因為沒有時間壓力，通常不訂計畫，也不預約旅宿，整天就在山裡左看右瞧，在藍天與白雲之下，隨意穿梭。我們曾於綿延好幾公里的綠色長廊中，欣賞陽光透過枝葉畫在地上的山水；曾經為了一探究竟，結果開到路的盡頭，欣賞斷崖之上奇詭瑰麗的美景。因為每個山頭各有自己的風貌，景物隨時都在變化，所以我們喜歡在山裡自在的盤桓。

如果看到不能自己，就乾脆抱起稚嫩的幼兒，牽著已漸長大的小女，走下車來，在天地好像靜止、四處悄無人煙的路邊坐下來，指著遠山為孩子編造一些有趣的故事，模仿樹梢緩緩擺動的樣子，逗著小孩發笑。讓微風吹散小孩柔細如絲的頭髮，吹在潔白暈紅的臉頰，然後舉起手來小心的把它撥開，仔細端詳天使一般的臉孔，情不自禁的彎下腰來，而在小孩的額上，輕輕親吻。

車裡一應俱全，孩子都在車上，車子就是自由活動的家，只要一離開臺北，馬上會把繁忙的俗務和人事的酬應拋諸腦後。上有藍天，下有綠地，四周還有風情萬種的景物；悠哉游哉的心靈無遠弗屆，誰還會想起煩人的事情呢？在車裡，大家只講眼前的山和水，耳畔只聽到自然的風聲和鳥鳴，尤其兩個坐在後座的小孩，天真的無邪的說著只有伊甸園裡才聽得到的童言童語，更使我不禁頻頻回首。

車行在外，時間不用顧慮，甚至連路標也僅供參考而已。我們曾在一處偏僻的山區，為了購買幾瓶礦泉水，將車開進一家外有圍籬、屋在高處的小商店。年已八十的老婆婆，一面用顫抖的手拿水給我，一面慈祥的拉著我的手說：「跨過這道門檻，走進屋裡，就是我們的客人，我請你吃早上才剛做好的草粿。」也曾經恍如迷路一般，左開右駛，就是不見一家像樣的餐廳時，猛然從後視鏡裡看到「我們餓了」四個小字，原來孩子肚子餓了，又不敢打擾正在開車的我，於是用筆寫在衛生紙上，雙手舉起，讓我們一時心疼不已。

每個地方都有當地的特色，每個村落都有各自的習尚，即使只是轉個彎、隔一條溪，生活的態度也會有些差別。我們喜歡邊開車，邊從路旁販賣的東西，猜測他們可能的生活方式。也時常停下車來，好奇的和農民聊聊當地的風俗，詢問他們農作的情形，然後選購一些特有的農產、較為稀罕的蔬菜或才剛上市的水果，所以每次出遊總是滿載而歸。

遊得即興而玩得盡興，所以每一次都玩得不亦樂乎；雖然不計畫，但在平時偶而也會看看書、上上網，並參考別人的旅遊心得。至於出國，因不喜歡走馬看花式的一次周遊數國，也為了較能深度的玩，所以每次只去一個國家。我們雖然無力改變目前的生活環境，卻能偶而從現實之中脫逃，回歸自然。再忙，也要騰出時間，別忘了人類真正的故鄉，不是你我出生的地方，而是大自然！

四六、路過

颱風過後，才剛開築的公路，馬上又被山上崩塌的泥沙掩蓋了。這條從一高下來，經由三義直通大甲的便道，本來只是沿山蜿蜒的小路，每當車子相錯時，總是戰戰兢兢。好不容易盼呀盼的，終於有這麼寬敞又平整的柏油大道可以回家了，想不到沒開幾次，居然一次不算大的颱風，就將期待多年的公路給毀了！

喜歡在高速公路風馳電掣之後，轉入三義，自頗有坡度的三義，一路溜滑下來，彷彿就要滑到沒有盡頭的地底時，突然折入這條回家必經的小路。這條小路左有大安溪，潺潺響在耳際；右有火炎山，山勢雖然不高，樹木也不多，但它畢竟是一座山，一座可以讓人沉澱心情，將在都會生活的煩擾隔開，而帶著平靜的心情路過。

每次開到這裡，都有一種親切的感覺；在水與山的伴隨之下，懷著一顆遠離繁華又重返自然的心，任憑車子在平坦的小路上緩步慢行，只在不常有的錯車時，方才意識到還有別人存在。不高的山，不會令人感到害怕；即使單車獨行，也沒有什麼不妥。剛好的大安溪，溪面雖然不窄，但溪流並不湍急，所以只會給人豁然的開闊，而不至於引起不好的聯想。自從離家來到臺北，每次回家，總是選擇經過這裡。

這條小路除了有山、有水之外，循著高起的溪堤折入村落，更有一幅如處化外的怡然。整齊的田地，綠油油的將純屬自然的原野，活生生地注入濃厚的文明氣息。兩旁低矮的房子，緊貼著馬路。因為車子不多，所以能夠悠閒的在路上行走；彼此吆喝的聲音，直抵正在田中工作的家人；而家家還能算是庭院的地方，則正向人展示農家樸實的生活。這樣的環境、這樣的生活雖然簡單，但也時常使人產生不少的聯想。

路雖窄小，景卻很熟悉；熟悉的景可以喚起熟悉的記憶，熟悉的記憶在年齡漸增、人事漸改、一切都在變化的現在，更顯得可貴了。每當開在這條小路上，我會想從前、想最近、想自己，反正只要存在腦中的記憶，都會在眼前一幕幕的展開，一景景的重現。我私下把這條路命名為「回憶之路」，但從不曾對別人談起，因為這是我與山、與水深層的祕密，也是我和自己少有的默契。

儘管如此，我還是覺得有些遺憾：如果路能更寬敞、起伏的路面能更平整、路上的砂石能夠改鋪柏油，豈不更好？只要開到路的出口，從記憶之中醒來時，自然就會有如是的想法。也許我的想法感動了山神、而沉默的溪神也有所回應似的，龐大的怪手轟轟作響，推土的機器忙碌穿梭，經過這條路時必須等待，必須聽從工程人員的指揮，但因為如我所願，所以一點也不介意。

我的期待沒有落空，路在隆隆的鞭炮聲中開通了。我興奮的心情有如母親真的給我糖吃，隨即開車南下，想好好瞧瞧這個夢寐以求的禮物。好寬好寬的公路，好平好平的路面，連在兩側的景物也變得更闊更美了。我以龜速慢慢地開著，仔細審視左右，我要在山風的輕拂與溪水的呢喃裡，欣賞這個貯存記憶的美麗大道，雀躍的心一時也悸動了起來。

想不到才開築不久的公路居然被掩蓋了，使人感到扼腕與痛惜。我不怪全由泥沙組成而容易塌陷的火炎山，也不怪颱風來得太突然，因為這是自然對人類強行開發的抗議。雖然希望路趕快修好，但我更期盼在能與自然和諧相處的情形之下，兩全其美！

以水適量的沖刷，用手仔細的拂拭，正面洗好之後翻到背面，逐株逐葉徹底的清洗。清洗好了先以刀子切去採收的舊痕或較粗的根莖，去掉已漸枯黃或略見腐壞的葉子，然後每株折成數段、每葉撕裂成片，放入水盆之內，繼續翻洗幾次，將可能殘存的泥沙悉數除去。最後才將蔬菜置於流動的水盆內，大約一、二十分鐘左右，待其完全潔淨後撈起濾乾，準備隔天下鍋。

四七、蔬果汁

為了縮短早上製作的時間，所以前一天晚上必須預煮開水，放涼備用；另貯一鍋早上燒滾之後，關掉瓦斯，將昨夜洗好放在冰箱的蔬菜全部倒入，以勺子輕輕的撥弄十次左右，使每一片葉子確實都經熱水浸燙，而將肉眼看不見的蟲卵或蔬菜可能殘存的亞硝酸鹽留在水裡。然後迅速取出，放進昨晚預先準備的冷開水中，以保持蔬菜原有的鮮度，以避免因太熟而失去蔬果汁的效能。

為使內容更為豐富，味道更為可口，蔬果汁除了蔬菜之外，通常會再加入鳳梨、蘋果和奇異果；但也不能漫無節制的亂加，以免失去生鮮的原意。因為每天食用，所以較甜的鳳梨大者八分之一、小者六分之一，切好之後分裝放入冰箱冷凍，每天只取一袋即可。奇異果一個，蘋果小者整顆，大者半顆一起放入機器之中攪碎，早餐的主角馬上就可以上桌了。製作蔬果汁的機器馬力較大，聲音震耳欲聾，比較之後選用不必一直待在旁邊等候關機、而有自動停止裝置的Blendtec。

本來早上只喝果汁或咖啡，因為聽說蔬果汁的好處，於是興沖沖的跑到超市購買美國芹菜、蘿蔓、紅蘿蔔及其他可以生吃的蔬菜，一起攪碎成汁，直接飲用。後來由於顧慮葉上可能還有危害人體的東西，於是放進鍋裡煮過。但蔬果汁的主要作用在於生鮮，所以經過多次的嘗試，決定水滾之後，燙過即可。蔬菜既然可以生吃，就無再燙的必要，我們思索半天，決定改用小麥、苜蓿、高麗菜等芽苗取而代之。每天都吃芽苗，久而久之，讓人覺得膩口，而且也嫌營養不夠均衡，幾經考慮之後，決定改用自己親自選配的小包蔬菜。

德國規定方圓數十公里之內，農藥完全絕跡，栽種出來的東西才能叫做有機。但在臺灣，即使貼上標章、註明有機的蔬菜，仍然令人存疑。為了尋找「可能」真正的有機，我們跑了好多地方，最後選擇天主教位於關西的有機菜園。每週三次、每袋五種蔬菜運到臺北陳售，依季節的不同，裝入當令的菜色；依產季的更迭，每週的蔬菜並不一致。因為季季有別，甚至週週不同，所以每天飲用的蔬果汁，不但多樣，而且隨時變化，不必再為了製作材料而大傷腦筋，也不用擔心營養失衡而患得患失。所以有段時間，一包分成五分，每天一分，我們喝得不亦快哉！可惜好景不常，關西的菜園因為不勝負荷店面高額的租金，退出臺北，於是我們現在每週都得自己揀選。

早餐有人喝純果汁，有人喝小麥汁，也有人只喝杯濃郁的咖啡；我們為了健康著想，特別選擇蔬果汁。蔬果汁的製作看似麻煩，其實只要順手也就習慣了。尤其當一切就緒，輕鬆自在的端起六百CC的蔬果汁時，更是一天快樂的開始。如果有人問我早餐美味的飲品很多，為何獨獨鍾情這一味呢？我一定毫不猶豫的回答：「因為這是幸福的滋味！」

四八、動手做

因為不喜歡厚重的油煙，始終縈繞在廚房內；所以即使擁有吸力很強的排油煙機，我也不想讓烹煮過後殘存的味道，黏在壁上、薰在窗框似的整天揮之不去。因為健康的因素，所以不要說油炸的東西，在我們家老早絕跡了，連煎魚這道從前樂於享受的美味，也好久不在餐桌上出現了。現在，把菜洗淨，清燙之後隨即撈起，淋上特選的醬汁，就是我們每天賴以維生、也是吃起來最沒有負擔、最有感覺的食物了。

有些蔬菜的營養素很容易受到破壞，像青花椰菜只能放在滾水之中翻燙幾下即可，否則雖然好吃，卻只能吃到一些植物的纖維罷了。有些蔬菜的莖葉太纖細，只要稍為分神，莖葉即在手中斷裂，更遑論那沸騰的熱水了，像紅、白莧菜，不但莖脆如絲，而且葉子薄嫩如翼，一旦放入熱水之中，眼睛必須隨時盯著，葉子一有變化，就得馬上起鍋，有時起鍋之後還得迅速丟進冷開水中，以免成為爛泥一堆。至於可以經久、可以耐煮的蔬菜，像高麗菜，不但把它放在鍋裡燜煮，偶而也加入糙米、蝦米和碎肉，一起煮出母親拿手的招牌─高麗菜飯。

通常綠色或紅色的葉菜，富含大量的花青素，是人體抗氧化的絕大幫手；為了保住這些寶貴的因子，只好犧牲一點口感，只宜輕燙，不能熟煮。至於白色的葉菜，則時常自作主張，今天玩玩這種做法，明天試試那道口味，如果嘗試失敗也無妨，反正都是能吃的蔬菜，都是人體需要的營養，只要可以入口，就算一餐，不是嗎？

至於魚和肉，雖然也吃，但吃得不多。肉，以水煮或微煎為主；魚，不是蒸、就是煮，偶而也放進烤箱，所以魚必須新鮮，否則還未上桌，就像一般人愛吃的鹹魚，早已臭氣熏天了。有人說最好的魚，不要超過大盤子，否則隨著多年的成長，體內早已屯積不少重金屬。我認為只要來歷清楚、甚至經過檢驗的魚，都可以當做變化的選擇，至於太多的「必須」，在還未弄清楚之前，人早已累了。肉，就得小心了，臺灣的豬肉叫人比較放心，但也不能疏忽，因為肉和牛奶一樣，只要飼者餵食抗生素或生長激素，就會危及健康，所以寧願相信檢查嚴格的主婦聯盟！

當然，我也時常動手做小孩喜歡吃的鮪魚三明治。首先選購水煮原味的鮪魚片罐頭，準備或自製情有獨鍾的麵包，並將入口迷人的胡椒粉放在一旁備用，然後拿出看家的本領—調製張氏沙拉醬。蘋果，最好是可以連皮一起吃的有機蘋果，切成薄得幾乎可以透光的薄片之後，一切準備就緒。

準備就緒之後，首先打開罐頭，將罐內仍然洋溢著海洋氣味的鮪魚片，悉數倒進白色的器皿內，加入只此一家、別無分號的沙拉醬均勻攪拌，攪拌而成渾然的漿狀，塗在烤或不烤兩相宜的麵包上。如想濃郁，就不客氣的拿起抹刀，狠狠的刮它一疊；如想清淡，就將抹刀輕輕的畫上一層即可。至於薄得透光的蘋果，一定不能太厚，讓又香又脆又甜的滋味，頓時在室內瀰漫、在口中爆開、在味蕾之上蔓延開來。鮪魚醬上的蘋果片，擺置必須整齊，才能在視覺的美感和口口均能感覺的享用之下，增加用餐的氣氛；最後蓋上另一片麵包，大功就已告成。至於鮪魚想塗多少，在鮪魚和蘋果片之間的胡椒粉要撒多密，完全可以依照自己的意思，一切隨心、隨意、隨興就好！

對於做菜，一向沒有太多的意見，也缺乏勇氣去從事更高深的嘗試；但對於不致造成人體負擔的輕食，我卻很樂意動手。中式的餐食太油膩、太繁複、也太刁鑽了，個人自信沒有此等天分，只好退而求其次。歐美的餐點（當然不是星級的那些），簡單、方便，偶而倒會想玩玩。其實餐食只要吃得健康、吃得愉快就好了，像母親常煮的高麗菜飯，只要一端上桌，鍋底馬上朝天的盛況，那才叫做了得！

四九、七仙女

上有五位姊姊、兩個哥哥，我是小妹，所以從小就名正言順的黏著最親愛的母親蔡碧月女士。印象中的母親永遠有做不完的事情，當母親在廚房時，我常拿著板凳坐在灶旁，表面上是幫忙顧火，其實正在撥弄柴火、看看有沒有番薯藏在裡頭。小時候家裡養了幾頭豬，當時豬的食物就是人吃剩的廚餘，也就是餿水；家裡不夠餵時，母親推著三輪車上街去親戚家收取，我亦步亦趨跟隨母親的腳步，推著沉重的三輪車；即使被直射的陽光曬得頭昏眼花，左看看，右瞧瞧，還是覺得很快樂。

大我一歲的五姊梅霜，年紀相近，所以和我最親，她開朗、活潑，功課又好，簡直是個標準的陽光女孩。小時候喜歡找她玩，但與其說是找她玩，不如說是看她玩倒來得貼切些。我時常靜靜的坐在一旁，看她玩這玩那，看得滿心歡喜。她很擅長打球，每次籃框一靠，通常都能進籃。尤其在籃球場上旁若無人的衝鋒陷陣，更是叫人佩服。

五姊之上是很會讀書的二哥春梵，大人有時會開他玩笑，要他學這學那，他一定正經八百的說：「我將來要當博士！」逗得大人哈哈大笑。如今他早已得償所願，遠赴美國取得名校的學位了。二哥也很會玩，他喜歡和死黨們去磚窯後方釣青蛙，我也一定小跑步的緊跟在後，唯恐走丟，但每每在土堤前止步，因為當他們一群男生輕易的跳下坡崁揚長而去時，不敢跳的我只能從坡崁上大叫，二哥總是站在狹窄的田埂上要我回家。我跺著腳、嘟著嘴回到家裡，馬上告狀，但已經記不得母親是否曾經因此而責備過他。

因為孩子很多，生活上的花費不少，所以每到炎熱的夏天，母親總是先煮一大鍋綠豆湯，放到冰箱冷凍，等待我們下課回來享用。剛從冰箱取出的綠豆湯，早已結成堅硬的冰塊；雖然想吃，卻動彈不得。於是我就坐在桌前，虎視眈眈的看著正以湯匙刮冰的四姊梅娟。四姊是個體育健將，也是排球選手，個性積極卻很隨和，時常會把歡樂帶回家裡。四姊努力的刮，成屑的冰愈積愈多，待冰堆成一座小山，我冷不防拿起湯匙，一剷就是半碗。四姊大喊不公，但母親總是笑著看我們吵鬧，繼續她手上的工作。

三姊梅芳曾抱怨的說：「小時候背妳，背得背都彎了。」我就向她做做鬼臉。三姊雖然略長我幾歲，但以當時年幼的她，來背已經有些重量的我，畢竟還是吃力。小時候有事沒事就請她幫忙挖耳朵，我又怕痛，所以常忍不住的大呼小叫，害得三姊不知如何是好？三姊是個樂觀大方的人，自己有的一定和眾姊妹分享，遇有不平說說也就算了；結婚之後住在大甲的時間居多。不管誰回去，三姊和姊夫一定大盤小盤的端，又是龍蝦又是海魚的煮，個性一點也沒變！

說到二姊梅芬，就覺得自己像個小大人了。外向、喜歡冒險的二姊，有如天不怕、地不怕的女勇士，不管什麼困難，都想嚐試；在我眼中，她是我們姊妹的異類。二姊在高中時就和姊夫王榮裕先生交往，有時候我也會當跟班或電燈泡呢！記得有段時間二姊常徘徊在門外，我會蹲在地上玩石頭，等著看她笑咪咪的攔截郵差送來姊夫的信件。婚後我這個小妹依然經常在他們身邊繞來繞去。在剛上國一時疼我的二姊夫，又特地送給我一部純白、夢幻的淑女腳踏車！

當我還是個懵懂的小孩時，大姊梅雪已經考上臺灣師大。讀師範大學不但免學費、能教書，而且每個月都能領取生活費。在深刻的記憶裡，母親常要我寫明信片給遠在臺北讀書的大姊。明信片內容的第一句一定是：大姊您寄來的錢已經收到，謝謝……。大姊不但省吃儉用的節省公費，更在課堂之餘，兼任家教賺錢來貼補家用。畢業之後分發臺中任教，大姊由於擔心弟妹們的學業，於是把我和二哥、五姊一起帶到臺中，從旁輔導，希望弟妹們都能成器成材。勤奮上進的大姊，後來雖然當了校長，但她在我心深處，仍然是從前那位一笑就笑得滿屋燦爛的大姊！

哥哥姊姊平時都在學校讀書，放學後又各有各的功課，所以每天陪阿公講話的責任，自然就落到我的頭上。阿公是個頗為洋派的老者，身穿西裝、手拄拐杖，儼然是個英國紳士。每當「堵、堵、堵……」的拐杖聲一起，大家馬上手持課本，裝出一副心無旁騖的樣子。有時阿公午睡，大家正在口沫橫飛時，我就用雙手偷拄著拐杖，諸兄諸姊一聽到拐杖聲，瞬間屏息；待看到我，大家笑得屋頂都快掀了。

也許我的個性並不那麼外向，所以經常一個人躲在房內，做自己想做的事情，玩自己想玩的手藝；母親如果找不到人，一定會到房間來看我。小時候的零用錢不多，偶而阿公給個五角、一塊，一定很寶貝的把它收在存錢筒裡，等到某個自己認為值得慶祝的小日子，買一根棒棒糖或一小袋期待已久的餅乾，窩在房裡默默的慢慢品嚐。在我的世界裡，可以整天都很快樂的忙碌；但在現實生活中，並不那麼喜歡和人周旋，除非是親朋好友！

姊妹六人加上母親，我們就是名符其實的「七仙女」。平時各在自己的領域裡忙碌、每年則輪流做東聚餐的我們，只要在一起，快樂歡笑的氣氛往往更勝從前！也許大家都有些年紀了，但因這群愛我、顧我的兄姊，和到現在仍然呵護著我的母親，使我從小盈溢心頭的幸福感，從未稍減！

五〇、希望廣場

井然有序的長桌，擺著各色各樣的農作，想要一眼掃遍，並不可能，只好一攤一攤仔細的看，一行一行用心的瞧。這是農民辛苦的結晶，也是全國農業的精華，我總是以興奮又嚴肅的心情，走在樸實無華的農民之前，因攤位琳瑯滿目的產品而高興，也為能在這塊衷心熱愛的土地上，種出如此美好的作物而欣喜。

本來位在八德路旁的希望廣場，車水馬龍，人聲喧騰，即使想要停車一窺究竟，也頗困難。車子只能依序排隊，而且排得好長好久；往往一等就得花上半個小時。如今搬到華山特區，地廣路寬，有時還能停在可供假日停車的黃線，心情好不悠然！把車停好，將愉悅的心懷敞開，馬上展開臺灣農作的奇妙之旅，是我在周六一覺醒來，頗感快樂的事情。

這個廣場雖然僻處於華山特區的一隅，卻與整個華山的氛圍緊密結合，所以人在心血凝聚而成的農產品前瀏覽，竟有一種如處鄉野的恬適。來此展售的農民，期待與殷切的表情，溢於言表，但在他們舒緩的舉止之間，卻流露一股只在農後才有的悠閒。我想在日曬雨淋之下，每天巡禮於原野田疇間的農民，來到如此寬敞而輕鬆的地方，應該也會和擁有大片草地的華山相互感應吧！

為了讓自己安心，寧願到有機商店多花一點錢；自從發現希望廣場也賣有機的蔬菜後，希望廣場就成為我時常採購的地方。因為每週才有兩天，每週來此展售的縣市必須輪流，所以運來此地的蔬菜，一定是前一天才剛採摘的，產品絕對新鮮，無論是蔬菜或水果，鮮脆欲滴的生意，都在眼前擾動！

我首先環場一周，檢視今天到貨的蔬果。如果蔬菜的種類夠多，逐攤逐一購買也就可以了；如果品項太少，只好多買一些根莖類的作物。水果當然要買，而且還選可靠的有機；至於外形美醜，則不是考慮的重點。蔬果買足之後，放回車上，我們踩著輕快的腳步，在佔地寬廣而人煙不多的草地上，輕鬆漫步。

臺灣有山有海，有峻嶺有平原，所以各地栽植的農作，也就紛繁多樣、不一而足了。希望廣場每週都由不同的縣市展售，每個縣市展售的內容各有千秋，因此每週都能讓人大開眼界。我曾經買到長在樹上的番茄，也吃過色彩繽紛的櫻桃李；如果不懂，農民一定傾囊相告；如有興趣，農民一定熱情地給予品嚐。我像好奇的小學生，懷著一顆探險愛玩的心，到處搜尋，尋覓每攤可能感受到的驚奇。

我不是一個勇於嘗試的人，但在樸實的農夫面前，通常不會辜負他們的好意。只要特殊，即使仍然存有疑慮，多少總會買一些；如果農民可以當場示範吃的方法，就令人更放心了。對於試吃，並不熱衷；但當行經攤位時，農民的手已經擋住你的去路，所以只好順手接下。如果遇到想品嚐、但農民並未提供的產品時，則會先買一點，試吃喜歡後再買。這裡的農民會做生意的較少，誠懇的人很多！

時常聽到人們抱怨說：都市小孩竟然不知道花生長在土裡，也時常把西瓜和冬瓜混為一談。未曾實際接觸，當然不懂。如在還能挪出空間的希望廣場旁，借用農民的知識與熱情，設置一處農作生長的情境，並介紹每週展售的作物，讓無法親臨鄉下的小孩，也能認識並感受農村的一切，明白自己所吃的食物的由來，小孩也就不會和生活脫節了，不是嗎？

臺灣的氣候，無論寒帶或熱帶的植物，都能找到適合的地方生長；臺灣的農民，不管溫室或野外的品種，都能改良成可以量產的經濟作物。在希望廣場的攤位上，看到的是農民的自豪和臺灣的驕傲。希望廣場是臺灣農作的櫥窗，也是鄉村在都市展售的窗口，如果你想尋回遺忘已久的新奇感，週末可以到希望廣場來瞧瞧！

五一、忘憂森林

一株株白得有如摻上白粉、白得有些灰白的禿幹，卓然的自水中拔起，亭亭擎立於山谷之間。高達數丈的枯木，映入深不見底的水中，在林木參天、四面綠意的氛圍裡，亮出一隅美麗的空白，為終年成蔭成翳的森林，開啟一窗天地，接受晨曦溫柔的渲染，渲染而成一片朦朧的隱約；對著燦陽熱情的閃耀，閃耀而出一片開朗的豁達；傍晚則在斜陽的烘托之下，又金又紅又灰又褐，將白色的枝幹盡情的繽紛了起來。

本來只是尋常的山頭，眼前只是習見的翠綠，根本無法引起特別的注意。誰知道天搖地動的九二一，把山崩塌，將土堆疊，瞬間形成這個雨水難以消退的堰塞湖。湖裡的杉木，因長期浸在水裡，樹葉逐漸凋零，根幹逐漸乾枯，久而久之，倒影將根根直立的禿木，拉得更長；而禿立的枝幹不動不搖，把池子烘托得更為寧靜，竟然蔚成另樣的美景。於是一傳十，十傳百，好事的人乾脆給它一個詩意的名字，叫做忘憂森林。

明明是了無生意的森林，卻能贏得人們前仆後繼的蜂擁；明明路狹途險，即使攀爬也頗不易，為了一睹丰采，人們卻不遠千里而來。我不想回答，因為只要身歷其境，就能得到確切的答案。來到這裡，不必言語，也不用思考，美已經為你說明了一切。只消一個眼神，彼此的感受已經交融；只要往湖中一望，莫名的恬靜就會將整個心靈沉澱。所以遊客雖多，但因受到池子的感應，喧嘩之聲絕少，整個湖區似乎已被時空給遺忘了。

已被遺忘的湖區，卻被接踵而至的遊客驚嘆；無論大人或小孩，老者或年輕人，都能在此找到他們喜歡的理由。我往湖中凝視，樹於凝視之間不斷的增長；沿著樹幹仔細瞧，脖子痠了，眼睛直了，樹已經高在雲霄之上；我向湖面掃視，白色的枝幹一根一根，由近而遠一路星羅，看似有盡，其實無窮，在湖間盤桓的眼，早已飛出想像之外。站起身來隨興走走，不意瞥見拍攝婚紗的新娘，彎下腰來只那輕輕的一撩，水中搖曳的樹木，好像正對著滿臉甜蜜的新娘，鞠躬祝福！

這個位於杉林溪附近，因地震而偶然形成的忘憂森林，根幹每天都在腐朽，地貌隨時可能變化，能夠再維持多久，很難斷定。它不像雪地已被披覆的樹，每到冬天就頂著一身雪白，逕自佇於冰天雪地之上，為寒冷的冬著上一襲冷豔的美感。它也不是梵谷的畫作──矗立荒野的大樹，儘管枝已枯，葉已落，但一進入畫家的筆下，就永遠挺立在人們的眼前。當慶幸得以目睹這一幕自然的奇妙時，我也油然產生些許的悵惘；因為這些悵惘，我覺得原本不屬於這裡的景，顯得更淒美了。

每次來到這裡，總是先躡手躡腳、甚至攀著湖畔隆起的樹根，環湖一圈；然後坐在入口痴痴的看，靜靜的想，甚至騰出擁擠的腦海，將這些禿立的枝幹，一根一根植起。

能把眼前掌握，是快樂；能夠遍賞美景，則是幸福；有點夢幻的忘憂森林，也許可以給人嚐到兩者兼具的美感吧！

麵包，有的酥得片片分明，只要用手一碰，馬上掉滿盤子；有的韌得如纏如綿，必須用力使勁，才能把它咬開；有的鬆軟而有彈性，才一入口，淡淡的香氣隨即散發出來。單單一小簍麵包，早已使人覺得不虛此選。對於吃，只要是安全、有機，其餘我並不熱中；但偶而逛個餐廳解饞、開車遠赴異地嚐鮮，或出國吃吃難得一見的料理，也是我的樂趣。

五二、米其林三星

享用美食，不需什麼理由，只要興之所至，就是最好的藉口。因此我們很少事先計畫，唯獨這一次，非得好好慶祝一番不可。我想與其大吃大喝，不如來個新奇的冒險。於是千篇一律的中餐，每天都吃膩了，不要，我們選擇西餐。西餐的等級很多，有整塊牛肉擺滿盤子的牛小排，看了就怕；有融進在地食材的無國界料理，任人擺布；有中規中矩的法式餐點，了無新意。就在不知如何取捨時，突然靈機一動，何不選擇這家獲得米其林三星殊榮的餐廳呢？

米其林三星雖由法國評選，但各國廚師無不竭力施展才華，把得到這個榮譽視為最大的肯定；而且一旦如願，餐廳往往門庭若市。以往只在雜誌上看過零星的報導，最多只從有關烹飪的電影窺其一、二，至於餐點的內容，則茫然無所知。米其林三星對我來說，不但神祕，而且充滿誘惑，老早就想前去一窺究竟了。既然要吃，就去信義區這家頗為經典的餐廳，瞧瞧什麼叫做米其林三星法式料理吧！

懷著期待的心情，服務生引領我們前往一個有靠背且溫馨的位置就坐。另一位侍者才將擺飾得宜的麵包盤放在餐桌，依序擺上油醋和奶油。我嚐了一口湯，驚訝的是這湯不過是蘆筍熬煮，為何口感竟然如此細膩？蘆筍湯中不過多了兩、三顆做工精巧的鮭魚餃，為何舌尖會有如此奇特的感覺！明明只是一塊煎炙得宜的豬肉，為何牙齒一咬味道竟然如此繁複；又起一小塊豬肉沾上一些醬汁，為何就比上等的牛排還可口？明明只是一片蒸魚，為何能夠吃出如此鮮美的甜味？我把蒸魚翻開，為何魚肉能顯出如此清澄的色澤？一連串為什麼，一口口美妙的滋味，我像穿梭在群花叢中的蝴蝶，在別致又經典、繽紛又純淨的餐點中，幾乎忘了自己。

主餐後的甜點，在已往的飲食經驗中，應該還算略有研究，但這家米其林三星餐廳的甜點，卻讓人大開眼界：外皮金黃又稍微酥鬆的舒芙蕾，盛在精美的瓷器裡，嚐上一口入嘴即化的軟綿，將早已填滿的胃囊又給撐開了。於是不管是晶瑩的檸檬塔、還是飄浮在空中的巧克力和有著童趣的棒狀軟糖，一切就有如錦緞般的盛宴。我以朝聖者的心情，一口接著一口品嚐巧手烘焙的廚藝。

寬敞的空間加上柔美的音樂，用餐之餘又憑添幾許浪漫。年輕的侍者，遠在可以關心客人而又有點距離的旁側，使人不因殷勤而有形同監視的感覺。盛放熟食的餐盤，必先烤過；親切上桌的餐點，則逐一加以介紹，使客人暸解如何才能吃出最美的滋味。因為是我的生日，所以主廚特別做了一塊小巧精美的蛋糕，並用巧克力醬在蛋糕盤寫上優美的祝福文句，最最使我感動。

雖然我不注重美食、也不是貪圖口欲的人，但身為資深的家庭主婦，對於什麼叫做美食，並不陌生。曾經走過不少國家及城市，也嚐過不少道地的美食，但我覺得在這特別的日子裡，得以品嚐米其林三星主廚精湛的料理，感受特別深刻！

五三、我舞佛拉明哥

提起裙襬，往前踩踏，穩健而優雅的腳步，在堅實而發亮的地板上，響起跫音。踩在腳下的音符，一板一眼為舞者打著拍子，也聲聲清晰的彈在凝注的心上。猛然一個轉身，裙襬飛揚，像洶湧的巨浪，在遼遠的時與空裡澎湃；像暴起的颶風，在無垠的天與地中狂掃，瞬間將整個舞臺襲捲。紅，滿天飛灑，眼前全是美麗的紅，全是紅得令人不敢逼視的豔。而舞者剛才冷靜酷寒的臉龐，陡然綻開，熱情奔放的乘著快速的旋律，滿臉燦爛！

在佛拉明哥舞前，我像一個陷入愛麗絲夢遊仙境的女孩，循著空谷傳響的樂音，怯怯的走在這塊陌生的樂土之上。我沿著幾近狂野的節奏，盡情的在憧憬的原野上飛舞。我更隨著舞者時而沉穩、時而翩然、時而激越的舞姿，在美麗的世界裡飛啊、飛的，飛出一個小女孩的幻想。對於現代舞，偶而也看，卻時常看得一頭霧水；對於芭蕾舞，即使喜歡，但絕非自己的能力所能及。於是我將埋藏已久的心願敞開，大膽的學起佛拉明哥。

踢踏舞和佛拉明哥本來分不清楚，如今方才瞭解一個是用腳輕盈的踢，一個是以腳重力的踩，所以佛拉明哥才能發出厚實的聲音。為了學舞，訂製了一雙專用舞鞋。才一拿到舞鞋，就迫不及待的穿上，想像自己也能跳出曼妙的舞姿。我明白佛拉明哥之所以能夠成為一門享譽古今的舞蹈，絕非一朝一夕就能學好；於是耐著性子，忍著痛苦。腳腫起來，我告訴自己，不久就能跳出像樣的舞蹈；腳破皮了，我提醒自己，一定什麼地方的姿勢不正確了；腳瘦得舉不起來，我勉勵自己，這樣才叫做認真。不會因為疼痛而自怨自艾，也不曾尋找偷懶的藉口，因為我喜歡！

我想既然學舞，就得穿上正式的舞衣才行，於是又訂了一件佛拉明哥舞裙。這襲如輕紗綴結、層次分明的舞裙套在身上，瞬間有如熟練的西班牙舞者。左看看，右瞧瞧，兀自在鏡前頑皮的擺弄，彷彿也有幾分舞者的架勢了。在練習時，為了使動作更到位，身形更俐落，通常穿著緊身的衣服。只有在出場表演時，才需濃妝豔抹出西班牙女子的熱力。但我發現只要穿上這襲夢幻舞衣，一股莫名的自我要求，旋即隨之而來；因為舞衣的意義，代表的正是奔放自主的佛拉明哥精神！

著重腳步動作的佛拉明哥，腳，當然舉足輕重；但除了腳步的變化之外，還有更多的講求。我喜歡從腳步渾厚的重踩中，欣賞隨著旋律擺盪的身形；也時常在舞者豐富的表情裡，分享西班牙於南歐晴朗的天空之下，隨處散發的熱情。尤其手持兩片小小的響板，就能幻出千種萬種風情，就能拍擊出有如來自四面八方、使人耳不暇聆的樂音，更是神奇。目前對於響板還無法自如的施展，但偶而夾在手上敲個幾下，也足以使自己深深的陶醉。不知道你是否有過這種經驗，但我可以告訴你：真的很奇妙！

佛拉明哥舞並不好學，我還未進入狀況，也沒有雄心壯志，企想能夠站上華麗的舞臺，但我至少已經走在這條朝聖的路上。即使閒來輕撫這襲漂亮的舞衣，手扣這兩片小小的響板，也能在佛拉明哥的情境裡陶醉半天；因為，我真的很喜歡！

林蔭。長得並不茂盛的樹木，卻以扶疏的枝條相互穿梭，穿梭而成足以遮蔽烈日的林蔭。林蔭下只容一人行走的小徑，因地質關係、又受風雨長年的沖刷，石頭到處裸露；坎坷不平的路面，必須小心翼翼，否則就有踩滑的危險。平時胡亂吹拂的微風，像被樹林擋在山外似的，任人怎麼叫喚，還是不見蹤影。所幸頭上還有這片林蔭，因此也就不再和風計較了。

五四、爬火炎山

只看名字，火炎山就會使人熱從中來，何況紅得發燙的沙石，紅得熊熊如火，不管遠看或近瞧，都給人一種勝似沙漠的感覺。中部的雨水，本來就比北部少，無法含蘊水分的火炎山，在陽光的照射之下，乾燥當然無庸置疑。走在林中的我們，以為火炎山的熱度不過如此而已；沒想到走出林蔭、走在樹木已禿的山脊，景象截然不同！

有如頑皮的小孩，太陽不斷將如焚的火焰，朝著我們的頭上拋擲。山脊的視野雖然遼闊，但熾熱的陽光卻讓眼睛瞇了起來。我把帽沿壓低，將手橫在額上，勇敢的撐開眼來：大安溪寬廣的河床，正在跟前蜿蜒；猶如黏於河床的溪水，潺潺的流在已被農田佔去大半流域的沙上，和平常車行橋上的景觀，大不相同。從前總是把大甲溪和大安溪混為一談，如今站在火炎山上，終於能夠清楚的辨認了。

坐落三義附近，各據一隅的火炎山和鐵砧山，都由易塌的沙石構成，彼此的高度也相差不多，是否因為修路而將本來連成一氣的大山切開呢？我有些懷疑，但往四周一望，已經沒有更高的山了。只見顯得乾燥的空氣蒸蒸騰騰；冉冉上浮的熱氣如煙如霧，輕輕籠著山林。穿過層層熱氣，除了彷彿正被烘烤的林木和放肆無羈的陽光之外，只剩一片令人悚然而懼的大崩壁。

由山頂往下崩陷，使還算蒼鬱的山嶺，崩墜而成斗狀的深谷。山愈崩愈小，谷愈切愈闊，山與谷的落差，在沙石持續滑落之下，愈來愈驚險，驚險得只剩這條勉強可以供人攀爬的山脊。不是山碧水清，也不見綠草如茵，熊熊的大崩壁，除了如赤如赭的紅之外，沒有其他色澤，卻自然繽紛；不用朝暉夕陰的氣象萬千，也不必細語呢喃的風和日麗，我站在山崖之上，震撼，油然而生！

這種震撼，使人覺得一路攀爬的辛苦，非常值得！當我穿出林蔭，走在陡得如削、又窄得如帶的山脊時，還真有點後悔。既來之則安之，咬緊牙根，跟在眾人的後頭走走停停。我注意每一塊即將踩下的石頭，是否鬆動？每一處腳踏其上的地面，是否安穩？雙手握著兩側還在擺盪的繩索，雙腳循著前者才剛踩下的足跡，以策安全。又期待又怕受傷害的心情，此刻才能深刻的體會！

上山並不容易，但下山更形困難；踩在峻峭的山脊上，光看就足以叫人膽戰。因為緊跟在後的人們，步步進逼，只好無可奈何地伸出遲疑不前的腳。每跨一步，不想下瞧的眼睛，就以餘光不由自主的偷窺；儘管只是偷偷的一窺，深達數十丈、且佈滿嶙峋怪石的山谷，卻已使人提心吊膽。我想倒著身體走，至少朝上的眼睛不致於看到山谷；但繼而一想，看不到危險的感覺，可能更可怕，於是乖乖地跟著大家的腳步，走下山來。

走下這個山巔，又得爬上那個山頭；在又上又下之間，唯恐一腳踩空，馬上直下數十丈深的山谷；又怕踩落的石塊往下滑，可能傷及緊跟在後的無辜者。所以每一步都得戰戰兢兢，每一腳都得穩穩當當；沿途的景觀雖然變化不大，卻也頗為可觀，只是我們花在攀爬的眼力太多了。可惜歸可惜，但一登頂，一切都太美妙了！

如果一朵小花，可以給人無窮的遐想，那麼美感彷彿就在眼前噴發的火炎山，就更令人驚豔了。風，依然沒來；汗，卻流個不停；杵在陽光之下的我，如膠如著；因為我想趁著火炎山還沒塌成土丘之前，多看幾眼！

五五、高美溼地

即使去過的人回來講得口沫橫飛，還是不為所動；即使電視報導得如詩如畫，仍然不屑一顧。從小就聽人說高美溼地很美，尤其在夕陽西下時，更是一絕，但對於住在鄰近鄉鎮的我，除了當做茶餘飯後的聊天之外，從來不曾想要浪費時間。在內心裡，我一直認為大甲的海景的確值得一瞧，至於高美會有什麼奇特的景致呢？

曾經有人到海邊看海，對著住在當地的農人，大讚其景，農人卻很不以為然。從小我們就被教育美景一定是在崇山峻嶺、在溪壑峽谷、在人煙所罕至的險惡之境，只有意志夠強，體力還能勝任的人，才能到達。於是每天儘往遠山、儘向雲天、儘朝沒有盡頭的地平線望，那裡知道讓人驚嘆的美景，就在所忽略的住家附近呢？

今年六月，原本想要前往合歡山攀援，為尚未登頂大山的人生，一下子取得幾張百岳證書。可惜天公不做美，竟日大雨傾盆，老早預訂的松雪樓休園；已經開到清境農場的車子，只好原路折回，心裡好不失落！合歡山既然去不成，那就找個還能接受的地方逛逛吧！車子一路左拐右轉，最後來到日月潭的向山遊客中心歇腳。眼不停的看，相機不止的拍，尤其與湖連成一氣的咖啡館，更是有種湖光粼粼、相伴相偕的休閒感。我想與其坐在湖畔，當個江山風月的旁觀者，不如走入高美溼地跨海的木棧道，將自己融入聽聞已久的美景之中。

主意一經拿定，隨即動身。從日月潭一路溜滑而下，直到車子在狹窄的小巷道裡蜿蜒，才猛然察覺高美溼地到了。高美這個海邊的小村落，就像一般俗稱的「海頭」，樹木很少，陽光直接灑滿巷弄，在已經下午五點的六月天裡，依然熱得教人發漲。但既而一想，這個近在咫尺而素未謀面的溼地，無論如何今天一定要把它看個仔細。一道水泥矮牆把車擋了下來，我從車窗向外一看，海，就在眼前，高美溼地到了！

繳了錢，停好車子，帶著無所謂、也不甚期待的心情，隨意往堤外走。才走不到幾步，豁然開朗的海景，馬上呈現眼前。我一時愣在原地，好像才自異地返回故鄉的遊子，不知應該舉起左腳還是右腳，踏出近鄉情怯的第一步；又如同初睹世界的嬰兒，在美得令人不知所措的景物面前，無法決定應該先從那一個角落開始看起。真不明白為何鄰近住家的高美，居然能有如此美麗的海景？我被驟然呈現的美景嚇到了，思緒有好長一段時間，全是空白！

兩條略有弧度的木棧道，有時平行、有時交錯的直向大海伸展。整齊平整的木棧道上，兩人並肩同行仍然寬綽有餘。木棧道的外緣，沒有遮攔，因此可以隨意坐下來，人與大海可親可近，了無隔閡。悠然地行走其上，猶如輕飄飄的浮於大海漫步；每當海風輕拂，人就有種翩然欲翔的感覺。愈向前行，離陸地愈遠，海風愈大；海將整個身體包圍，身體隨著波浪輕輕地搖擺；走到木棧道的盡頭，迎著不斷吹拂的海風，我把雙手張開，人、天與碧海，頓時鼎足而三！

本來已經夠長的影子，在夕陽西斜的垂照之下，更從腳底斜向大海，無際無涯的延展。無數的人同時走在木棧道，無數的影子又是交疊、又是錯落的在大海之上紛紛沓沓。腳步是輕的，人聲是細的，而心情則是遠的。無限廣漠的大海，無邊繽紛的雲天，還有我這橫越時空的影子，輕盈的踩在木棧道上，我彷彿就是遺世獨立的天地行腳！

令人心動的美景很多，我並無盡覽天下美景的壯志；但住得如此之近，卻來得如此之晚，面對高美溼地，實在有種暴殄天物的惋惜。我沒有一草一木都是美景的涵養，但還有欣賞自然的品味；每次回到大甲，幾乎都閒得不知該做些什麼？現在我知道了！

五六、在雪山登山口

小巧的尖頂，矗立在略有涼意的空氣裡，又投影於平靜澄澈的水面上，在恣縱無羈的大自然中，獨以鮮明的黑色綻放人文的氣息。沉穩的山嶺，一座比一座高聳，卻一座比一座恬淡，陣陣北歐才有的氣息，迎面向人襲來。有精緻的山屋、明淨的水池、清澈的倒影，有蔚藍的晴天、皎潔的白雲、翠綠的遠山，只要張眼隨意一看，就是一幅美麗的圖畫。

人與美麗的圖畫，渾然相融；不管東張西望或遐思遠想，人早已成為畫中的一景。我喜歡站在遠處，從跟前讓眼輕盈展翼；並以極緩極慢的速度，四面掃視。在山上欣賞美景，我、人和山頓時都在美麗的圖畫裡。當翻過山、越過嶺，碰到正在雪山口上眺望的遊客時，彷彿有種久離塵俗、如今乍臨人境的驚喜。這種喜悅，使人頗有回到原鄉的感覺。

在雪山登山口的小屋旁，因為水池的倒影能將遠山、小屋與藍天白雲一併入鏡，所以凡是到此一遊的人，都會在此留下一張經典的照片。有時人數多了，還得耐心的排隊等候；但我覺得小屋另一邊的景更寬、更闊、更美，可惜大家相沿成習，都在這個水池旁邊繞圈圈。其實只要一上雪山登山口，不用刻意取景，只要拿起相機，不論從那一個角度，都能拍出絕美的風景照。

因為久久才上武陵一次，所以每次一到這裡，都盡情的把眼張開，盡興的咀嚼高山的風景。在小屋前面的木臺上徜徉，我不想比較遠山的高低，而只希望逗留的時間可以長一些，長得可以與山呢喃，傾聽山風從遠地捎來的信息，並端詳既陌生又熟悉的大地。我從不抱怨蜿蜒直上、只容一部小車通行的小路，有時為了錯車而險象環生，因為沿途雄偉壯麗的景物、各異其趣的林木值得！

來到雪山登山口，時常幻想自己是個身背重負、即將攀援的登山者，在巨岩碎石之上，在林壑叢莽之間，馬上就要上窮碧落似的尋幽訪勝。雖然手持登山杖，也背了背包，我到登山社買齊登山應有的裝備。雖然已經很勇敢的登臨合歡山的主峰、東峰和北峰，但對於這座必須日行夜宿嶺上數天之久的雪山，卻始終不敢嘗試。嚮往自然，是人與生俱來的衝動，我也未能免俗，但我知道自己的能耐。我的心願很小，只要能在這裡放空自己，也就心滿意足了，至於挑戰大山，還是想想就好。

也曾在大霸尖山、南湖大山的登山口留影，而被山友戲稱為「山口組」，來到這裡，沒有「振衣千仞岡」或「濯足萬里流」的豪情，反而在與天與地如此接近的山上，油然生出一股最虔誠的謙卑。我們常說人是自然的動物，人要多多接近大自然，可是一旦置身其中，自然給人的距離感卻愈明顯。我想它不是有意拒人於千里，而是因為巍峨的大山，凜然不可侵犯；即使長在腳下的一花一草，也令人不敢隨便踐踏。我懷著欣賞而非褻瀆、莊重而不嬉鬧的心情，享受一個絕然的寧靜，在這天、地、人合一的雪山登山口！

武陵農場隸屬臺中市，但從臺北出發，卻須經由宜蘭，否則就得繞道大禹嶺才能順利抵達。當從臺北一路下到宜蘭的雨，將整個心情盪到谷底時，不要沮喪，因為一到啞口，雨可能變小，天可能漸亮，不消多久，可能就是晴空萬里了。武陵農場有寬敞的露營區、有好走的桃山瀑布、有清澈的七家灣溪、有寧謐的雪山登山口，無論登山、健走或賞魚，都能樂而忘返。可惜一到此地的遊者，往往只在茶莊與遊客中心之間游走，而不知道武陵農場還有更多值得尋訪的地方。單單一個武陵農場，就已美不勝收，臺灣真的很美！

五七、新詩二首

（一）春　暉──獻給母親張蔡碧月女士

雍容的母親已成慈藹的阿祖
高齡七十有七的張蔡碧月女士
依然樂天

樂天的說樂天的笑樂天的看
只有包容，沒有嫌怨
儘管曾經抖著縫針，倚著冬夜再綴再補
儘管有過數著米粒，扶著希望捱日過活
但以疼惜、憐惜、愛惜為柱的心
還是強力撐起一隅蓬篳
翼護幼小

沒有是非可以讓人是是非非，是最大的是非
沒有短長可以引起短短長長，是最多的短長
從前嗷嗷待哺的子女
如今環拱而成一座閃亮的后冠
熠熠生輝
假使世上也有傳說的媽祖
我想就在眼前

（二）真善美——大姊張梅雪校長

她是一源潺潺的山泉
自險峻危崖的岩縫中滲出
不管石頭再硬、理想再遠
無懼
堅然的毅然的把頭擡起

始終向前

她是一道淙淙的小溪
流在亂石嶙峋的山谷裡
坎坷、艱困、挫折，自己暗暗消融
為工作、為責任、為家庭
每天綻開清澈的笑容
一路蜿蜒

她是一條悠悠的大河
悠閒的漾著自在的怡然
如潮如湧的付出，依然如昔
如波如浪的讚美，從來不起絲毫漣漪
愛山、愛水、愛人
是她唯一的生活

在山泉中沐浴、在小溪裡嬉遊、在大河上徜徉的我
曾經讀過不少偉人傳記
偉人都很偉大，但卻離我太遠
只有她這一本─大姊張梅雪校長
最真、最善、最美

五八、記憶覓尋

「距離上次來奧萬大，已經是六十幾年前的事了，那時大姐都還沒出生呢！」母親在前往奧萬大的路上，一面喃喃自語，一面又似有所憶的對我說著。因為父親帶了一批工人在此地工作，路途遙遠又交通不便，大姨的鄰居有位工人家裡急需薪資生活，所以祖父交代母親帶著大姨前去。從大道到小路，從小路到山徑，在沿途仍然偏僻、一切有待開發的當時，崎嶇、顛簸的情形可想而知。母親從大甲出發，必須不斷的轉乘，即使一大早就出門，到奧萬大也已經天黑了。

對於奧萬大，除了父親正在修築的水庫之外，一片荒蕪，並無什麼重要設施，與今天頗具規模的賞楓勝地相比，簡直天壤之別。母親印象中的水庫，應該就是現在的調整池吧！穿過林木望去，水在陽光之下粼粼閃爍，好像正在對著好久不見的朋友眨眼示意似的。陪著母親緩緩的走，讓母親溫存從前的記憶。微風輕拂，時空好像倒回六十多年前！

走出「水庫」，回到現實，我們又駛上另一條回憶之路。在我兩個孩子還小的時候，經常偕同一家大小開車到處遊玩，清境當然是必遊的旅點。母親時常提及車抵清境，農場前一整排販賣水蜜桃的攤販，叫賣的聲音此起彼落。我們手上一人一顆水蜜桃，當下就在路旁吃了起來。牙齒才一咬下，水蜜桃的汁液馬上濺了滿手都是，細緻甜美又多肉的滋味，至今難忘。所以這次舊地重遊，怎能錯過呢？

清境有陡峭的山，有深壑的水，即使因為開墾而有瘡痍之感，仍然具有獨特的魅力。我們在清境有一位陳姓的好朋友，因為他，每年都能喝到上等的茶葉、品嚐香脆的蜜蘋果，並享受甜美的水蜜桃。這次陪母親來清境，當然找他。他特地準備了當日現採的水蜜桃，大方的說：想吃多少，就吃多少。母親手拿水蜜桃，耳聆陳姓友人詼諧的笑語，滿嘴道不盡、說不完的甜蜜，頓時洋溢整個臉上。我呆呆地看著母親，內心有如今天的太陽，好溫暖！

既然來到清境，不上合歡山豈不可惜？我們哄騙加鼓勵，希望路旁的高度標示別嚇到母親了。為了轉移母親的注意力，更為了讓母親飽覽合歡山的美景，所以車行緩慢，並詳細的一一解說；遇到可以停車的地方，就下來感受合歡山上迷人的氣息；我們也在全國公路的最高點—武嶺，拍了許多珍貴的照片。

這兩年愛上了爬山，在武嶺時，告訴媽媽：旁邊那座是合歡東峰，去年爬的。在前往松雪樓的路上，指著遠方山頭猶如指甲片大小的反光板，得意的告訴母親：那裡離合歡北峰還有一公里遠呢，五月才剛登頂。到了松雪樓，氣溫只有十三度，幸好早上三姊在中途快遞給母親毛帽、毛衣，才能免於受寒。母親站在空曠的廣場前，幽幽的提及曾在學校舉辦登山健行活動的大姊，帶著學生、母親和自己的小孩同行。母親因海拔高、天氣冷而有點高山症，所以一路叨念著。大姊除了關照學生、呵護小孩之外，還得顧著母親。因為怕母親寒冷，所以把身上的外套脫下來給母親保暖。

不管在奧萬大、在清境、或是在合歡山上，母親都有著深切的懷念，尤其是大姊。我握著母親的手，輕輕地摟著母親，打趣的問說：「您現在頭會暈、會痛嗎？」母親回過神來，微微的笑著說：「不會！」離開松雪樓，踩著回憶的腳步踏上歸途，我把母親摟得更緊了！